東日本大震災

The Great East Japan Earthquake: Reflection of People in Libraries

あの時の図書館員たち

日本図書館協会「東日本大震災 あの時の図書館員たち」編集委員会編

日本図書館協会

The Great East Japan Earthquake: Reflection of People in Libraries

東日本大震災　あの時の図書館員たち　／　日本図書館協会「東日本大震災　あの時の図書館員たち」編集委員会編．－　東京　：　日本図書館協会，2020．－　237p　；21cm．－　ISBN978-4-8204-1914-3

t1．ヒガシニホン　ダイシンサイ　アノ　トキ　ノ　トショカンイン　タチ
a1．ニホン　トショカン　キョウカイ
s1．東日本大震災　① 016.012

はじめに

2011年3月11日, 午後2時46分。東日本大震災が発生しました。

国内観測史上, 最大級と言われるマグニチュード9.0を記録, 栗原市（宮城県）で最大震度7が観測されるという大地震でした。激しい揺れは長く続き, その後に起きた巨大津波は, 10mを越える波高でした。この地震・津波で亡くなった方は15,895人, 今なお, 2,539人の方たちが行方不明と発表されています（警察庁, 2019年3月8日現在）。東京電力の福島第一原子力発電所では重大な事故が起こり, 多くの住民が避難を余儀なくされました。未だに故郷に戻れない人たちが3万人以上います（福島県HP, 2020年1月6日）。

あの日から9年がたとうとしていますが, 東北を中心とした被災地の人たちにとって, 決して過去の出来事ではないと思いますし,「過去」の出来事にしてはいけないことを痛感します。福島の原発立地地域を除き, 被災地と呼ばれる地域は, 一見, 整地され整然とした街並みがつくられ始めているように見えます。多くの日本人の中の「震災」は記憶のなかの「過去」になっていないでしょうか。震災後も, 毎年のように多くの台風, 豪雨や地震など自然災害が発生している影響も大きいかもしれません。

あの過酷で困難な状況のなか, 一人ひとりの図書館員が何を見て, 何を感じ, 図書館員として自治体や大学など所属する組織の職員として何をしたのか, 何ができなかったのか, 今回のこの本のなかから読み取っていただければ幸いです。震災から9年がたち, 定年退職をしたり, 転職をしたり, 異動した図書館員もいます。今, 記録を残さなければ, 残すことのできる機会がどんどん減るという思いから, また, あれほどの大災害を忘れてはいけないという思いから, この本をつくろうと考え, 刊行することができました。今回, 書いていただくことのできなかった「まだ書けない, 書きたくない」という図書館員もたくさんいることも忘れないでください。

あの「震災」から学ぶことは多く，二度とあのような犠牲者，被害を出さないことを心に刻みたいと思います。

2020年1月10日

西村彩枝子

●本書をお読みになる前に

※執筆者の肩書は執筆時のものとし，執筆者の申請によりました。

※原稿をさまざまな方法（『図書館雑誌』での呼びかけに応じての寄稿，再掲載，インタビューなど）でお願いしたため，文体，表記は不統一となりました。執筆者の表現を尊重させていただき，表記の統一は最低限としました。

※この記録集は，日本図書館協会出版委員会の下に「3.11から10年　被災地の図書館と職員たち（仮称）」編集委員会を組織して，作成しました。本書タイトルが決まった段階で，「東日本大震災　あの時の図書館員たち」編集委員会と名称を変更しました。

目　次

■福島県

第３章 日本図書館協会による被災地支援

2011年3月11日

東日本大震災

公共図書館の被害状況

ー沿岸部の津波被害 及び 内陸部の地震被害ー

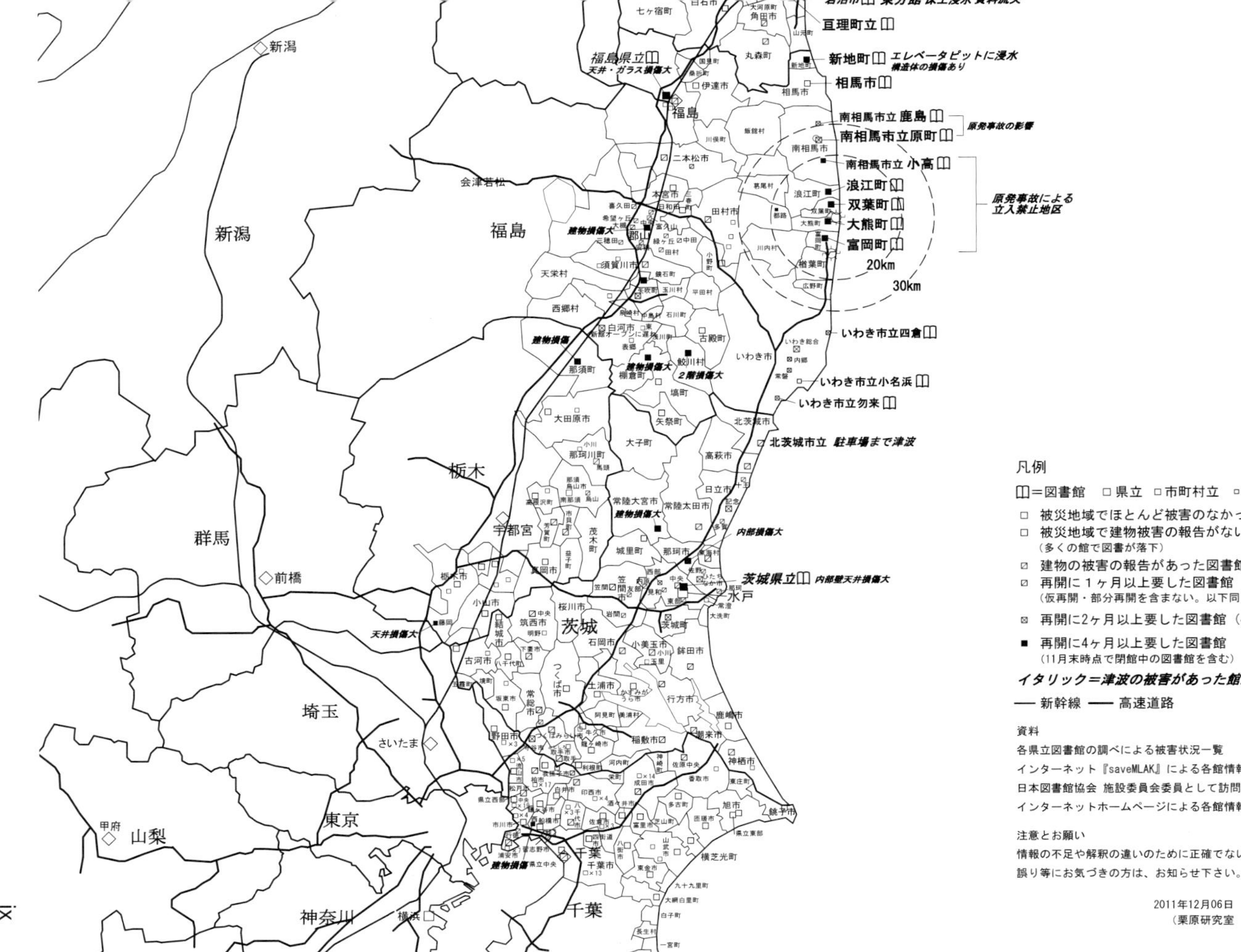
亘理町立
新地町 エレベータピットに浸水
構造体の損傷あり
相馬市
南相馬市立 鹿島
南相馬市立原町
原発事故の影響
南相馬市立 小高
浪江町
双葉町
大熊町
富岡町
原発事故による
立入禁止地区
20km
30km
いわき市立四倉
いわき市立小名浜
いわき市立勿来
北茨城市立 駐車場まで津波
内部損傷大
茨城県立 内部壁天井損傷大
福島県立
天井・ガラス損傷大
建物損傷大
建物損傷
2階損傷大
天井損傷大
新潟
福島
栃木
群馬
茨城
埼玉
東京
千葉
神奈川
山梨
会津若松
宇都宮
前橋
さいたま
水戸
甲府
横浜
凡例
=図書館　□県立　□市町村立　▫地区館・分館
□ 被災地域でほとんど被害のなかった図書館
□ 被災地域で建物被害の報告がない図書館
（多くの館で図書が落下）
☑ 建物の被害の報告があった図書館
☑ 再開に１ヶ月以上要した図書館（２ヶ月未満）
（仮再開・部分再開を含まない。以下同）
⊠ 再開に2ヶ月以上要した図書館（4ヶ月未満）
■ 再開に4ヶ月以上要した図書館
（11月末時点で閉館中の図書館を含む）
イタリック＝津波の被害があった館及び被害甚大な館
── 新幹線 ── 高速道路
資料
各県立図書館の調べによる被害状況一覧
インターネット『saveMLAK』による各館情報
日本図書館協会 施設委員会委員として訪問した情報
インターネットホームページによる各館情報
注意とお願い
情報の不足や解釈の違いのために正確でない場合があり得ます。
誤り等にお気づきの方は、お知らせ下さい。
2011年12月06日　作図：川島 宏
（栗原研究室　JLA施設委員会委員）

第1章 プロローグ

読者の皆さんへ―― 道案内を兼ねて

竹内　悊

2018年の晩春のことでした。編集委員会から，本書のプロローグを執筆するようにという依頼がありました。なぜ私に？　と尋ねたところ，今まで私が図書館の施設について多少の発言をしてきたことと，大震災の当日，自宅で，書架から落ちる本の様子をじっと見ていたから，ということでした。確かに私はそうしましたが，でも落ちた本の数は，図書館の被害に比べれば物の数でもなく，震災からの復興に働かれた皆さんのお働きとは比べようもありません。私としてはこの原稿から，一日も早く図書館サービスを再開しようとなさった皆さんのご努力に，ただ脱帽するばかりでした。それとともに，例えば関東に二度目の大震災とか，富士山の噴火，南海トラフ大地震，さらに予想外の大災害など，今後この国のどこにでも起こり得ることを図書館員として真剣に考えなければ，と痛感しました。

本書は,東日本大震災の時の45人の図書館員の体験記です。これを通して，不測の事態に対する図書館としての考え方と，対処の仕方を学び，その実例の中から共通の事象を見出して自分の図書館の状況を検討すること，さらにこの記録を作ることによって，次の災害の場合に図書館員として被災住民のために何をなすべきか，それを行政の対策の中にどう組み入れるか，それを考える材料を提供することが目的だと思います。

その中で私に与えられた役割は，この一館ごとに異なる鮮烈な記録を，その場にいなかった人たちが理解するための道案内をすることではないか，と考えました。災害の体験はありのままに理解すべきですが，そこに今までに経験したことのない災害に立ち向かって，人手も機材も情報も経費も不自由な事態を乗り越え，図書館の再開をできるだけ早く，という大きな努力が見えます。それがあまりに入り組んでいて，そこから図書館としての対応を学ぶためには，道案内が必要だ，と編集委員会が考えたのでしょう。この要請は私の力に余ることでしたが，その案内文を，1. 私の3月11日，2. 内容の要点，3. 今後の課題として，ご参考に供することにしました。

1 私の３月11日

① 書架から本が落ちる様子

そのとき私は，朝からの仕事に少しくたびれて，自宅の書架の前に置いたソファに横になっていました。突然ゴーッという低く強い地鳴りがして，天井板が大きな音を立てて捲れ上がり，強い揺れが来ました。この辺り（茨城県南部）は昔から地震が多いところで，よく震源地として報道されます。しかしこれは，いつもとは全く違う音と揺れでした。

この部屋には，木製書架２本，スチール書架18本（90cm幅，８段）があります。揺れとともに，スチール書架の最上段の本の列が，中心部分を頂点として奥にズーッとずれこみ，すぐもどってきて，その頂点から一冊，また一冊と落ち始めたのです。まっすぐに落ちるものもあれば，表紙を開いて飛び降りるようなものもありました。書架の前の通路にそれが積み重なるのですが，上に上にと重なるのではなく，すき間を探して潜り込んで行くという感じだったのは意外でした。

② 本と棚板，そして排架のこと

落ちた本は1,500冊ほど，書架間の通路だけではなく，廊下への出口が塞がれてしまいました。元に戻すのには何日もかかりました。落ちて壊れた本の多くは，表紙と中身の連結部分が外れていました。もともと表紙の溝のつけかたが浅く，表紙が中身を保護する役目を果たしていなかったと思います。いわゆる「顎が外れた」という状態でした。

この地震では，木製書架から本はほとんど落ちませんでした。本が落ちるのには，書架の材質や強度，設置場所，そのときの地震の大きさや力の方向，それに，書架上の本の形や仕様，排架の仕方など，さまざまな要素が絡み合いますから，私が見たことだけで一般化はできません。それでもその要素の一つに，棚板の平滑度が関わると思います。スチール書架の場合は，自動車の車体と同じ平滑さが求められるそうですが，木製書架は昔から「ラフ仕上げ」といって，本がすべらないように作るのだ，と間宮不二雄先生から伺いました。先生は1921年，大阪に間宮商店を開設，海外での知見を導入して近代的な図書館用品の供給を始められ，さらに青年図書館員連盟を創設して，若い館員を育て，日本の図書館の基礎を築いた方です。そういう方のお話は，いつも重みがありました。

排架については，棚板一枚の4分の3をもって満杯とするという考え方が以前からありました。棚の上に本がぎっしり並んでいると，読者には本が探しにくく，取り出しにくい。図書館からいえば，できるだけたくさんの本を読者が手に取れるようにしたい，そういう立場の違いもありますし，また書架の数の少なさ，図書館の狭さという問題もあります。それでもぎっしり詰めると本が傷みますし，貸し出した本の再排架にも不便です。そこで地震の時の本の書架上の動きを考え直してみると，本をゆったりと並べることは，地震の影響を分散する働きがあるのではないでしょうか。重量の点から言えば棚の上の本は一つの物体として捉えられますが，その実態は，それぞれに条件の違う30～40冊なのです。そう考えると,「本が落ちない書架」よりも,「本が落ちにくい書架とその使い方」を考えるべきではないか, と思いました。今後は，現場で書架を使う側と書架の設計者との協力が必要でしょう。ただ，私がしたような地震の時の本の落ち方の観察はお勧めできません。危険です。図書館員にはそれよりも大切な「なすべきこと」があります。その「なすべきこと」についての記述は，本書のあちこちに見つかります。どうぞご参照ください。

③ 地震の後で

この時は数日後に電気が復旧，ついで水も出るようになりました。電気が通じると，外の世界とつながります。海外からも，「怪我はないか，足りないものがあったら何でも送る。元気を出せ」というメールが次々と入って，気を取り直す力になりました。今，自分は本の散乱の中で呆然としているけれど，でも，一人ではないのだ，と思いました。そして，図書館の仕事は，国内ばかりでなく，国際的な人のつながりにも支えられているのだ，と思ったことでした。

2 内容の要点

この未曾有の災害に際して，それぞれの図書館の人たちは，自分も被災者でありながら，市町村の職員として住民の安全と衣食住の一応の確保のために働きました。その厳しい生活の中で，住民にとっての図書館とは何か，図書館として今と将来のために何をなすべきかを考えました。そして，その時にできることからまず始めて，図書館の復旧を図ったのです。本書ではその様子がその場にいるように描き出されています。そしてこれを書いてくださった方々の背後には，同様な努力をしながら，あまりの被害の大きさと公私を含めての悲惨な状況のために，まだ書く気にはならない，という方たちの姿も見えます。それはかつての戦災や戦地での悲惨な体験をついに語ろうとしない人たちのことからも類推できて，その思いは大切にしなければ，と思います。

一方，人の記憶はいずれ風化します。今語っておかなければ，と書いてくださった方々の記録はまことに貴重です。そこで本書をご覧になる皆さんには，その図書館の歩みを，まず，そのままに受け取っていただきたいと思います。その後で，皆さん自身のまとめが生まれることでしょう。そのための手引きとして，災害と，その被害，休館から再開館に至り，さらにそれを振り返るまでの図書館の姿を，その記述の中から時間順に大まかに整理をすると，次の７項目になりました。それは：

① 図書館の被害，応急対応，休館，そして復旧の模索。
② 被災者からの要望。
③ 図書館サービスの再開。
④ 自動車図書館の活躍。
⑤ 図書館復旧への支援。
⑥ 次の災害に備えて，防災訓練，被災経験の継承。
⑦ 災害から学んだこと。

つまりこの本には，この７項目それぞれの貴重な記録が図書館ごとに述べられています。どうぞそこから各館の状況をご理解下さい。

3 今後の課題

次に，前掲の７項目の中から，この災害に際して現場の方々が生み出した考え方と，今後の対策に活かすべきことを書き出してみました。これは，被災者が生活の基盤を失った状態と，図書館員もまた同僚や支援者を失い図書館という働き場所さえ失ってしまった状態，つまりお互いに普段の拠り所を失った裸の状態で，なお，図書館とは人の生活に対して何なのかを考えたのです。残っていたのは，それまでの図書館サービスが住民の中に残したものだけ，という厳しい状況でした。そこから搾り出した考えです。このような環境は，求めて得られるものではありません。それは今後の図書館を考える基本的な内容を含みます。それをここに書き出してみました。

① 図書館とは何か，ということ

- 人命を損なわないことを第一に考える。
- 日常の図書館サービスが，災害時の市民生活を支える。
- 図書館員とは，その図書館サービスの開拓者である。
- 図書館は一館だけで存在するものではない。規模，地域，館種の違いを超えたネットワークによってその任務を果たす。そしてその活動は，県立図書館や国立国会図書館の各館への支援と，「支援を支える組織」とによって支えられ，災害に際しては，「暮らしに根付いた図書館」という基本に立って，図書館としての主体的な活動を進めることになる。
- 次の災害への備えは不可欠。そのために，過去から学ぶことは大きい。被災記録の収集，整理，保管，利用はその自治体のために図書館がやるべき肝要な仕事である。特に記録媒体の耐用年限とその利用については，図書館の持つ知見に俟つところが大きい。
- 定期的な避難訓練が役立つ。
- 自治体の今後の災害対策の中に，図書館サービスを位置付けること（後述⑥参照）。ことに児童の心的外傷後ストレス障害（PTSD）への対策は，災害後 1 週間以内に開始する必要があるという。この選書や提供の仕方については，普段からの準備と研修とが必要。

② 被災者は図書館に何を求めるのか

「本であれば何でも」ではないことに留意。被災者としての要求に注意する。

→ 支援本の問題点　→ 選択の必要性

- 避難所での集団生活から，静かなところで自分を取り戻すひと時を得たい。
- その時に広げる本が欲しい。まず雑誌から。
  できるだけ新しい，綺麗な本。
  心の安まる本。
  色使いが美しく，温かみがある本。
  子どもたちが，非日常的な毎日の中で，安らぎを感じられる本。
- それはいつ頃求められるのか。
  心のゆとりできてから → 衣食住に一定の落ち着き → 被災状況と個人の条件とによって，遅速がある。

③ 地域の図書館の役割

- 図書館が開いていることからくる安心感 → 癒しにつながる。
- 本を読んでいるときは，心が休まることができる。
- 生活のために必要な情報を得る → レファレンス・サービス。
  支援に対する礼状の書き方や被災状況のもとでの葬儀の仕方など当面の問題の解決から始まる。

④ 支援についての柔軟な考え方

- 現地に入らなくてもできる支援がある。
  → 本に混入した蛍光灯のガラス破片の除去など。
- 支援本よりもむしろ図書購入代金の寄付を，という考え方と方法。

⑤ 移動図書館の，図書館の機動性という機能の再確認

- 図書館に車輪がついて，必要なところに出かけるという働き。
- 災害時の機動力を平時に活用 → 病院その他への巡回，学級文庫や 11 学級以下の学校への図書館サービスなど。

⑥ その自治体の今後の災害対策の中に，図書館のサービス計画をはっきりと位置付けること(p.7 ①の最終項参照)。被災者支援のために全職員が動員される場合でも，柔軟に運用し，図書館サービスを支援の中に組み込むこと。

以上，道案内を試みました。災害は避けたいものです。しかし一旦来てしまった時には再開のために努力された過去の事例に大きく学びながら，目の前の状況と向き合うことになります。そのために本書に掲げた数々の事例から，そのことを学び取っていただければ幸いです。

さりげなく書いてあっても，それを支える深い意味を読み取ることで，この災害に自分の体全体と生活のすべてをあげて対処された方々の努力が今後に生き続けることになります。本書のコラムも，参考文献の一々も，単なる話題や情報の提供だけでなく，これからの図書館を支える力になります。その力を引き出す力は，本書の読者，つまりあなたがお持ちです。どうぞそういう点で，本書をご活用ください。

（たけうち　さとる）

第2章

県別概況

岩手県

■岩手県内図書館等の被害状況

館名	被害状況			開館状況
	人的	建物	図書・設備	
岩手県立図書館	なし	なし	図書等1割落下,システムダウン,書架ボルトゆるみ	4/1時短,4/14通常開館
盛岡市立図書館	なし	ドア破損,ガラス・壁ひび	図書多少落下	4/12
盛岡市都南図書館	なし	なし	ボイラー破損	3/15
盛岡市渋民図書館	なし	壁がはがれる	図書2階8割・1階半分落下	3/19
八幡平市立図書館	なし	ひび割れ	図書50%落下	3/14
雫石町立図書館	なし	なし	図書多少落下	3/25
葛巻町公民館図書室	なし	なし	なし	3/14
岩手町立図書館	なし	なし	図書1割程度落下	3/15時短,4/1通常開館
滝沢村立湖山図書館	なし	なし	図書1/3程度落下	4/1
紫波町中央公民館	なし	なし	図書50%落下	3/15
矢巾町公民館図書室	なし	なし	なし	3/18
花巻市立花巻図書館	なし	なし	閉架書架転倒,新聞保存将棋倒し	4/1
花巻市立大迫図書館	なし	なし	図書10冊程度落下	4/1
花巻市立石鳥谷図書館	なし	なし	閉架図書500冊落下	4/1
花巻市立東和図書館	なし	亀裂,照明器具カバー落下	図書50%落下,書架転倒	4/1
遠野市立図書館	なし	ガラスひび	なし	4/1
遠野市立図書館分室	なし	サーバダウン	図書300～400冊落下	4/1
北上市立中央図書館	なし	天井一部落下,配管水漏れ,壁剥離	書架転倒,図書落下	5/13

館名	被害状況			開館状況
	人的	建物	図書・設備	
北上市立江釣子図書館	なし	なし	図書落下	4/7
北上市立和賀図書館	なし	なし	図書落下	4/7
西和賀町川尻地区 公民館図書室	なし	なし	なし	3/14
奥州市立水沢図書館	なし	なし	図書 1/3 程度落下	3/15 時短, 4/19 通常開館
奥州市立江刺図書館	なし	なし	本棚等被害	3/15 時短, 4/19 通常開館
奥州市立前沢図書館	なし	一部壁面崩れ	PC 不明, 余震で書架閉架 12 基開架 10 基転倒, 図書 50%落下	3/15 時短, 4/19 通常開館
奥州市立胆沢図書館	なし	亀裂, 空調配管破裂, 漏水	図書落下	3/15~4/7時短, 4/12通常開館
金ケ崎町立図書館	なし	なし	図書かなり落下	3/15 時短, 4/1 通常開館
一関市立一関図書館	なし	増築部分等破損, 余震でスチーム管破損	開架 50%落下, ビデオ類 100%, 閉架 7 ~ 8 割落下	4/26
一関市立花泉図書館	なし	なし	書架転倒, ガラスケース破損	3/26
一関市立大東図書館	なし	一部損傷	図書少し落下	4/1 時短, 4/21通常開館
一関市立千厩図書館	なし	壁に亀裂, 余震で玄関敷石に段差	図書 9 割落下, CD・ビデオ落下による破損	3/29 時短, 5/6 通常開館
一関市立東山図書館	なし	多少亀裂	図書ほぼ落下, 余震でエアコン破損	3/26 時短, 5/1 通常開館
一関市立室根図書館	なし	扉損傷	図書 2 割程度落下	4/1 時短, 8/1 通常開館
一関市立川崎図書館	なし	なし	図書 4 割落下	4/3 時短, 4/16通常開館
一関市立藤沢図書館	なし	壁の亀裂	図書数か所で落下	3/22 時短, 4/1 通常開館
平泉町立図書館	なし	壁・柱に亀裂, 一部剥離	図書 6 ~ 7 割落下	4/30
大船渡市立図書館	なし	なし	図書落下, 照明故障等, 郷土資料水損	6/4 時短, 9/1 通常開館(入居施設が避難所)

館名	被害状況			開館状況
	人的	建物	図書・設備	
大船渡市立三陸公民館図書室	なし	津波により骨組みしか残らず	全て流失	再開の目処立たず
陸前高田市立図書館	全員行方不明または死亡	壊滅状態	壊滅状態	再開の目処立たず
住田町中央公民館図書室	なし	大きな被害なし	なし	通常開館
釜石市立図書館	なし	ひび割れ	本5割程度落下, 郷土資料,汚損のため利用不可	5/24
大槌町立図書館	なし	壊滅状態	壊滅状態	再開の目処立たず
宮古市立図書館	なし	一部亀裂	図書約 100 冊落下	4/1
宮古市立図書館田老分室	なし	床上 15 センチ浸水	水損資料あり	10/4 場所を変更して開館
宮古市立図書館新里分室	なし	なし	図書多少落下	4/1
宮古市立図書館川井分室	なし	なし	図書多少落下	4/1
山田町立図書館	職員1 名死亡(非番)	大きな被害なし	図書約 30,000 冊流失	11/1 時短 (図書館が避難所)
岩泉町立図書館	なし	大きな被害なし	図書数十冊落下	3/13
アズビィ楽習センター図書室	なし	大きな被害なし	なし	7/26 (ホールが避難所)
久慈市立図書館	なし	大きな被害なし	本棚 1 基転倒, 資料被害あり	3/16
久慈市立山形図書館	なし	なし	なし	3/16
普代村図書室	なし	ひび割れ 1 か所	図書数冊落下	3/12
洋野町立種市図書館	なし	なし	なし	3/14
洋野町立大野図書館	なし	ひび割れ	図書落下	3/15
野田村立図書館	なし	壊滅状態	壊滅状態	平成 24 年度開館予定
二戸市立図書館	なし	なし	システムダウン, 図書数冊落下	3/13
軽米町立図書館	なし	ガラス 1 枚	図書 50 ～ 60 冊落下	3/15

館名	被害状況			開館状況
	人的	建物	図書・設備	
九戸村立公民館図書室	なし	なし	図書 10 冊程度落下	3/28
一戸町立図書館	なし	なし	なし	3/23 時短, 4/1 通常開館
岩手大学情報メディアセンター図書館	なし	亀裂あり	開架閉架本落下	6/1
岩手医科大学附属図書館	なし	玄関ガラス扉破損，蛍光管落下	なし	3/22 時短, 4/1 通常開館
岩手県立大学メディアセンター	なし	ひび	図書落下, 書架一部転倒	5/9
岩手県立大学宮古短期大学部図書館	なし	大きな被害なし	図書多数落下	4/18
盛岡大学図書館	なし	なし	なし	4/11
岩手看護短期大学図書館	なし	なし	図書 1/2 程度落下, 余震で多数落下	4/1
富士大学図書館	なし	なし	書架転倒,図書数冊落下	4/11
岩手県立農業大学校図書館	なし	なし	図書 1 ～ 2 割落下	3/29
修紅短期大学図書館	なし	なし	図書落下	4/18
一関工業高等専門学校図書館	なし	天井一部落下, 柱・床にひび	図書 7 ～ 8 割落下	6/20
北里大学海洋生命科学部図書館	なし	確認不能	図書多数落下	施設を 5 年間使用せず

出典：「東日本大震災における被害状況一覧表」『図書館年鑑 2012』日本図書館協会，2012，p.341-343　原典：岩手県立図書館「東北地方太平洋沖地震に係る岩手県内公立図書館等の被害概況」（平成 23 年 11 月 30 日現在）

◆被災地の県立図書館

岩手県では，沿岸地域で甚大な津波の被害に遭った図書館が複数ありました。岩手県立図書館では，館長をはじめとする図書館の県職員全員で手分けして，被災した図書館に足を運んだのだそうです。図書館が津波で流されてしまったところもあります。亡くなった職員もいます。そこへ，かねてから交流のあった職員が訪れ，どんな状況かを確認し，「何か手伝えることはないか」と，声をかけたのです。震災の翌年の全国図書館大会で，岩手県立図書館の澤口祐子さんは，「被災地の教育委員会をはじめ，県内の市町村立図書館，大学図書館，県立博物館，国立国会図書館，日本図書館協会など，日頃から信頼関係を築いておくこと，その信頼関係に裏打ちされた協力体制を強化していくことが大切」だと話してくれました。（し）

岩手県立図書館の支援活動 ―― 県立図書館の役割とは

元・岩手県立図書館　主任主査　**澤口祐子**

震災直後，岩手県立図書館（以下，県立図書館）は，市町村立図書館の被災状況を電話等により調査したが，沿岸部を中心に多数の図書館と連絡がとれなかった。津波によって複数の図書館が壊滅的な被害を受けたことを次第に知ったが，自治体自体が甚大な被害を受けている状況から，まずはライフラインの確保が最優先であろうと判断し，現地を訪問しての調査は 1 か月後の 4 月からの開始とした。調査の結果でわかったのは，被害や復旧の状況が各館ともに違い，求める支援もさまざまで，それが刻々と変化することであった。きめ細かな長期的な支援が必要であることを痛感し，県立図書館が行う支援を，現地に赴いて作業をする直接的な支援，関係機関等と連絡調整などを行う間接的な支援の二つの形とした。

1 直接的な支援の例

① 寄贈図書の整理（仕分け・データ入力・装備・排架）

被災した自治体は膨大な量の支援物資の整理に追われたが，当然ながら生活必需品への対応が優先され，図書類は箱詰めのまま放置せざるを得ない状況にあり，担当者も担当外の部署に配属されていることが多く，その取り扱いに苦慮していた。

② 被災した郷土資料の修復（初期クリーニングの実施，完全修復の委託）

津波等の被害により，県内市町村立図書館の全蔵書の 4.2%，約 20 万冊（2011 年 6 月　県立図書館調査）が被災したが，地元の文化や歴史が記録された資料を，復興した図書館が所蔵していなければならないことは必須であり，全国において被災館のみが所蔵していた資料を調査し，修復することが急務であった。

2 間接的な支援の例

① 支援の申し出と受援の要請の調整

県内外から支援の申し出が多数寄せられたが，担当者が図書館業務に専念できない館が多かったため，県立図書館がその内容等を分析して受援に関する業務を代行，コーディネートした。

② 関係機関等との連携

県立図書館だけでは対応できないことも多く，日本図書館協会，国立国会図書館，東京都立中央図書館，県内の図書館等多くの関係機関・団体に対して助言指導や協力を要請したが，迅速かつ的確に対応していただいた。

日本図書館協会，国立国会図書館，盛岡大学の協力を得て実施した陸前高田市立図書館所蔵被災資料のクリーニング(2012.6.3 ~ 6.5 岩手県立博物館)

未曾有の災害であった東日本大震災。県立図書館は，長期的な視野で被災館の開館準備等，上記以外にもさまざまな支援を実施してきたが，すべてが前例のない状況下，それは試行錯誤の連続であり，需要に対して的確な支援になっているのか等，自問自答の毎日であった。しかし，震災が，「県立図書館は県内の図書館の核となる存在」であることを再認識する機会になったことも事実であり，その役割を日常から意識して業務することの重要性を感じている。

当時の県立図書館の活動や岩手県内の図書館の状況については次に詳しいので，機会があれば一読いただきたい。

・『館報としょかんいわて』No.169 〜 171（2011.10 〜 2012.10　岩手県立図書館），岩手県立図書館 HP で公開されている
・菊池和人「岩手県内図書館間の有事に備えた相互応援」『図書館雑誌』2013.2　p.115
・『いわての図書館 2014　東日本大震災津波記録誌』（2014.12　岩手県図書館協会）

（さわぐち　ゆうこ　2018.12.20 受理）

◆被災した本を救うこと

陸前高田市（岩手県）では，職員，資料など地震や津波ですべてが流されてしまった中，支援により何とか一部の郷土資料が救出されました。新図書館には救出された資料が展示されています。今を生きる私たちと，未来の人たちに，「声なき語り手」としてさまざまなことを語りかけてくれます。

- 自然は恩恵や災害の二面性を持っていること。
- 津波により亡くなった職員たちはここにいて，仕事をしていたことを忘れないでほしいこと。
- 災害による悲劇を二度と繰り返してほしくないこと。
- 今があるのは，国内外からの物心両面にわたる支援のおかげであること。
- 資料は泥だらけになっても救出できること。

一度訪れて，展示されている資料の前で心を傾けてみてください。（よ）

参考：眞野節雄．水濡れから図書館資料を救おう！．日本図書館協会，2019

被災直後から，図書館復興の歩み

元・陸前高田市立図書館　副主幹　**長谷川敬子**

2011年3月11日。陸前高田市立図書館は津波で建物がすっぽり見えなくなりました。私はその光景を100mほど離れた市役所の4階の窓から見ていました。4階の窓から下はどこまでも続く黒い海となり，私はそこで，助かった約130人の人たちと無言で夜を明かしました。数日後，図書館の職員全員が亡くなったことを知りました。館長以下6人の全職員。皆さまのご冥福をお祈りいたします。

当時私は市民課に在籍しており，死亡届の処理に無我夢中でしたが，頭のすみにはいつも図書館のことがあり，いてもたってもいられない気持ちでした。ようやく図書館に行ってみると，窓枠だけになった窓から風が吹きぬけ，天井が抜けてまさに廃墟でした。1階の児童室は壁が一面流され，2階の閲覧室には暗がりの中，空っぽの書架がただ並んでいました。そして，2階の窓からそれまで見えなかった海が，家が流されて初めて見えたのです。

2011（平成23）年度の図書館体制は，他の部署と派遣職員の方が，滋賀県東近江市から寄贈された移動図書館車「やまびこ号」で，市内を数か所回っていました。

2012（平成24）年度は，唯一図書館経験者である私が，図書館に異動を命ぜられました。前年に図書館振興財団の支援で建てた68㎡のプレハブ2階建てが仮設の図書館でした。正職員は私ひとり，非常勤職員2人と臨時職員2人が配置されました。教育委員会の当時の目標は「やれるところからやる」。先のことが何一つ見えない状態でした。イタリアのダミコ社から寄贈の移動図書館車が7月に納車になるというので，まずはそのための図書の登録と準備をすることにしました。緊急雇用創出事業で臨時職員も3人増えました。

図書館システムは復旧したものの，約8万冊の蔵書はほとんど流出（流出を免れた郷土資料だけはのちに修復）したので，図書の登録データをすべて消去して山積みの寄贈図書の入力を始めました。図書館再開の報道で，図書寄贈の電話が1日中鳴り，プレハブの中には段ボールがどんどん積み上げられていきました。人手と置き場所に困窮している状態を副市長が聞きつけ，「陸前高田市図書館ゆめプロジェクト」を立ち上げました。寄贈図書をバリューブックスに送っていただき，買取金額を図書館再建費用として寄付していただくというものです。これにより時間と労力が削減でき，寄贈者の方々のご厚意は寄付金として届けられました。

資料収集は，遠野文化研究センター内に設置された「三陸文化復興プロジェクト」（献本活動・文化財レスキュー・情報発信を主軸とした復興支援活動）に27万冊もの図書が集められていましたのでそこからいただき，図書館の要である郷土資料は，市の広報を通じて呼びかけ収集に歩きました。

新移動図書館車に積む2,000冊の図書の登録が間に合い，夏休み前に運行が始まりました。イタリアンカラーの車体は，色をなくした被災地も被災した方々の心も明るくしてくれました。9月には北海道ブックシェアリングの支援で50㎡のログハウスが完成し，12月に仮設図書館として開館しました。木の香りとぬくもり，狭いのが功を奏したのか，職員とのふれあいが楽しみで訪れる方も多く，ホッとくつろげる空間になっていったようです。狭いながらも読みたい本がすぐ見つかる，とよく言っていただきました。

震災関連図書のコーナーも設置しましたが，市民の方々はそこには近づきませんでした。心の傷の深さが伝わり，一人一人に温かく接することを心がけました。支援のコーヒーやお茶で「井戸端図書館」と銘打って，利用者と

井戸端図書館の様子・
仮設図書館内部

お茶を飲みながらおしゃべりする企画は，とても好評でした。そこには笑顔があふれ，数人集まると必ず「あの日，どうしてた？」という話になり，思いを共有することが前を向く力になったように思います。

また癒しの場になればと，折り紙教室，ガーデニング教室，寄席，支援のパラソル広場では野外コンサートなども行いました。コンサートに駆けつけて軽食を提供してくださった支援団体もあり，図書館という場が，堅苦しいところではなく，どなたでも気軽に利用できることを発信しました。

震災後，市内には民間支援の図書室が3館（「ちいさいおうち」「にじのライブラリー」「陸前高田コミュニティ図書室」）活動しておりましたので，市民の読書環境はたいへん恵まれていました。当館と合わせて4館を回るスタンプラリー「図書館で待ってるね」も3年にわたり行いました。思いを同じにする各図書室の運営者と持った隔月の連携会議は，あわただしく先の見えない中にあって，楽しいひとときでした。

被災した地の図書館であること，悲しみを抱えた方が多くいることを念頭に，新図書館の基本理念は，「訪れるだけで安らぎ，一人一人の豊かな日常を取り戻すお手伝いをし，新しいまちの賑わいの創出に貢献し，郷土の宝物になるような図書館を創ること」としました。そして2016（平成28）年7月，広大なかさ上げ地に一番に，大型商業施設併設で図書館は再建。今では周りに広場や飲食店が建ち並び，親子連れや中高生で賑わい，ふつうの暮らしがようやく戻りつつあります。

（はせがわ　けいこ　2018.7.24受理）

図書館による震災体験談記録誌発行の取り組み

岩泉町立図書館　部門長　**箱石恵美子**

東日本大震災で一瞬にして消え去った郷土や日々の暮らし。当館では,「あの日あの時」の被災状況を風化させず，後世に伝え残すため，町民からの被災体験談の募集と聞き取りを実施した。2012（平成 24）年 6 月から翌年 1 月までの 7 か月間，職員が被災者を訪ね，104 人からの手記と体験談を『伝えたいーあの日あの時，そして今　平成 23 年 3 月 11 日東日本大震災被災体験談の記録集』（略称『岩泉町の被災体験談記録集』，A4 判，169p）にまとめ，2013 年 3 月に発行した。同記録集は，日頃の備えとすべき大切な事柄も記され，命を守る防災教育資料としても活用されている。あの時の皆さんは今どうしているだろうか。当時の惨状を涙ながらに語ってくれた姿を想い出す。

1 収集の動機

3.11 の震災から間もなく，被災地の各地から体験談記録集が相次いで発行された。これほどの大地震，当町でもどこかの部署で発行されるだろう，そう思っていた。1 年経っても何の兆しも見えず「このままではいけない」そう思った。というのも，当地方では過去にも大きな津波や洪水で多くの被害があったが，当町における当時の記録はほとんど残されていない。図書館として郷土資料の収集と保存の必要性は日頃から痛切に感じていた。時間とともに記憶は薄れてしまう。一刻も早く体験談に着手しなければならない。「図書館としてやれることをやろう」と動くことを決めた。

2 収集作業

震災から 1 年 3 か月後の 2012 年 6 月，仮設住宅集会所を中心に職員が出向いた。「話を聞かせてください」とお願いしても，「私だけじゃない。皆，同じ体験をした。特別語ることは何もない」。皆さん，まるで申し合わせたかのように誰もが口をつぐんだ。とても入り込める余地はない。被災者には親戚や友人・知人もいた。これ以上向き合うのはつらい，と，一瞬躊躇した。体験した過酷な状況は決して皆が同じじゃない。本当は，被災者自身がそれを一番知っていた。それほど，衝撃が大きかったのだ。空白の時間が流れ，やがて静かに，とつとつと語り出した。何度か通ううちに，私たち職員も認知され語ってくださる方も多くなった。そのうち「私たちには伝えていく義務がある」「全国の温かい心に接し，感謝の気持ちを語りたい」など積極的な声が聞こえてきた。前向きな声はとても説得力があった。一方で「まだ，話す気になれない」「思い出したくない」という方もあり，改めて震災の傷の深さも知った。聞き取りは，威圧感を与えないようメモは取らず，ひたすら話に耳を傾けた。集会所に来られない方には，個別に応じた。皆さんの胸の内は複雑で心の傷を訴える人もいた。不安や焦りも聞いた。私たちは聞くだけで，何のお役にも立てなかったが，話した後の少し安堵の表情に救われた。子どもたちの様子も気がかりだったが，仮設校舎で教育環境がまだ整わない中，直接的な聞き取りは控えた。家族の話の随所に，子どもたちの心情を聞くことができたと思っている。

大震災への社会の関心は薄れつつあり，報道される機会も減少している。災害を風化させないためにも，記録を残し活用する場を提供していくことが図書館の役割であると思っている。　（はこいし　えみこ　2018.7.26 受理）

仮設住宅の前で，それぞれの体験談を語る被災者の皆さん

『岩泉町の被災体験談記録集』

あの時どうすればよかったのか

普代村図書室　臨時職員　**道下美貴香**

地震発生当時は15人ほどの利用がありました。突然の大揺れにあわててストーブの消火を確認しガスの元栓を確認後，避難経路確保のため窓を開けました。大人の利用者は，

「こんなところにいる場合じゃない，早く家に帰らなければ」

などと言いながら，自分の近所の子どもに，

「一緒に帰ろうか」

と言って帰って行きました。徒歩で5分もかからない家の子どもは親が走って迎えにきました。誰もいなくなったところに，併設の「子ども教室」の子ども約10人とスタッフ2人が図書室に避難してきました。その後，泣いている子どもたちと一緒に裏山に避難しました。

津波の第二波の到達後，しばらくたって裏山から降りてくると，図書室の駐車場に，近所の人たちが避難してきていました。その後，教育委員会から避難者全員，第二避難所への移動の指示があり，巡回バスに乗り第二避難所へ移動していく人もいましたが，図書室の駐車場では車中で夜を明かす人もいたので，私たちもそのまま次の日の午前中まで図書室に待機となりました。

12日の午前中には駐車場の車はなくなり，図書室はそのまま休室としました。電気・電話・水道が使用できないため13日も休室しましたが，14日からは電気・水道が復旧したので開館しました。開館してもしばらくは，手書きにて貸出を行いました。

私が小学生の頃，避難訓練の時，大人たちから津波の怖さを教えられました。津波で流されながらも着物の帯が木の枝に引っかかり命をつないだこと，知り合いのおばあちゃんが，昭和の津波で足の踝まで水につかり津波に足を取られ転びながらも，裏山に逃げて助かったことなどを聴きながら育ちました。その時に「とにかく津波が来たらまず逃げるしかない」「できるだけ高

い所，津波から遠い場所に」と一緒に話していたことも今なら思い出せます。

火災の避難訓練は毎年義務づけられているので，いつもどおり行動できたと思いますが，今回は火災ではありません。今回の私の行動はその教訓が役に立っていなかったのではないかと思います。図書室において死傷者はなかったものの，利用者に強く避難をすすめるべきだったと今さらながら思います。「こんなところにいる場合じゃない，早く家に帰らなければ」と言った利用者に，子どもを迎えに来た保護者に「一緒に裏山に避難しましょう」と声をかければよかったと，9年経った今でも思います。

普代村はマスコミにも取り上げられご存知の方も多いと思いますが，普代水門のお陰で，人的被害は近隣市町村に比べると被害が少なかったことから「奇跡の村」と報道されました。私も「あの時ああすればよかったのか」,「こうした方がよかったのでは」と思うことは多々あります。同じ過ちを繰り返さないため，同じ哀しみを繰り返さないため，今回津波を実際に体験した私たちの使命は，その時どのように行動すべきかを子どもたちに，またはこれから生まれてくる子どもたちに何度でも繰り返し語っていくことだと思います。

最後に，多くの人たちからの支援物資や義援金が届けられことに感謝して終わりにしたいと思います。

（みちした　みきか　2018.8.1 受理）

津波防災意識の啓蒙と，災害後における被災図書館への支援

洋野町立種市図書館　主任司書　**平　留美子**

1 町の被害とこれまでの備え

私たちの洋野町は，岩手県の沿岸最北部に位置します。北は青森県階上町，南は久慈市に接している，人口約17,000人の町です。

2011年3月11日に発生した東日本大震災において，被害が甚大だった岩手，宮城，福島3県の沿岸市町村にあって，唯一，死者・行方不明者を出さなかった町です。

洋野町では，建物被害（全壊10棟，半壊16棟，一部破損1棟，床下浸水7棟），船舶被害（277隻），大浜川鉄橋流失，漁港施設損壊，防波堤損壊，道路冠水等，多大な被害を受けました。その一方で，過去の震災経験の継承が活かされたり，高さ12mの防波堤が津波を大幅に減衰させたことにより，住宅地区の多くには被害がいかず，甚大な被災を免れました。特に，八木地区を中心に民家が損壊したものの人的被害については「行方不明者0人・死亡者0人」でした。

津波は，三陸沿岸に住む私たちにとって逃れることができない宿命にあります。「地震がきたら津波」という意識が常にあります。過去においても洋野町（旧種市町）は1896（明治29）年，1933（昭和8）年の大津波，1960（昭和35）年のチリ地震津波と繰り返し津波の被害を受けてきました。図書館に残されている記録資料や手記，写真などからも被害の凄惨さが伝わってきます。また，私の実家も昔から津波被害を大きく受けてきた海に最も近い地区にあったことから，大正生まれの祖母からよく津波の話をきかされたものでした。知り合いのご遺体が畳にのって陸に打ち上げられた話や，波が一瞬にして大きく高くなって襲ってくる話は，子ども心にとても怖いことだと感じました。このように，日常の中で地区の大人たちは子どもたちに津波の怖さを伝えていました。

洋野町では毎年,昭和三陸津波が襲った3月3日の早朝,地区ごとに「津波」に特化した避難訓練を実施しています。2011年3月3日にも津波訓練は実施され,多くの住民が参加しました。これも東日本大震災で人的被害を出さなかった要因になったのでしょう。「津波訓練」ではとにかく「逃げる」ことを徹底する,海からできるだけ離れる,できるだけ高いところに行く,決して戻らない,が決まりです。

「逃げる」に徹した訓練に加え,各地域の自主防災組織が住民の意識を高めたという話も聞きます。避難路の除草や整備により,避難への心構えができ,足の悪い人が住んでいる家などの把握,誰が迎えに行くか等,実際の津波を想定した対策がされていました。中でも,過去の大津波の経験者から話を聞くことは,やはり効果が大きかったそうです。

2 当館の被害状況等

震災当時は利用者と職員5人がいましたが,ただちに図書館を施錠し,体育館に避難しました。停電はありましたが,断水は免れました。当館は,歴史民俗資料館,武道館の複合施設です。武道館が地区の臨時避難所になったため,震災当日と翌日は武道館で避難所の係をしました。その際,図書館から子ども向けの本や,雑誌を何冊か段ボールに入れて配本しました。

3月13日まで停電のため図書館は休館しました。1994(平成6)年12月28日に日本の三陸沖で発生した三陸はるか沖地震(M7.6)の後に,書架の地震対策をしていたので,書架の転倒がなく,本が落ちることもありませんでした。

3 野田村立図書館への支援活動

久慈管内には,北から,洋野町,久慈市,野田村(のだむら),普代村(ふだいむら)と4つの自治体があります。その中でも野田村は大きな津波被害を受け,図書館は全壊でした。図書館職員としてすぐに何か支援に行きたかったのですが,自分たちも被災した当初はかなり混乱したので,相手方の受入状態ができてからという考えもあり,5月に入ってから応援に入りました。

当初は窓や壁のなくなってしまった図書館で,水害にあった郷土資料のリスト作り,廃棄の選択をしました。日が経ってからは,支援で送られてきた本の仕分けや装備を行いました。図書館建設が進んでからは,本棚や書架の配置などのお手伝いをさせていただきました。

物的支援ではラベルやブックコートなどの支援もしました。また，当館にあった郷土に関する資料やパンフレットも寄贈しました。図書館職員として仲間のために何ができるか，できることをとにかくやるしかないという気持ちで活動しました。

この東日本大震災をきっかけに，一緒に活動したことにより，他館の図書館員と親密になりました。これからも平時においてお互いの職員の顔が浮かぶような関係と連携をとれていけたらと思います。それはお互いの図書館の利用者にとっても，さまざまな面でよい結果をもたらし，理想的ではないかと感じました。

（たいら　るみこ　2018.8.2 受理）

防波堤の扉を破って侵入する津波
（図書館の２階から撮影）

野田村の仮住宅近くで開いた移動図書館

岩手県立高田高等学校図書室の再開に向けて

岩手医科大学附属図書館　室長補佐　**川崎かおる**

1 岩手医科大学の状況と緊急サイト立ち上げ

2011年3月，岩手医科大学では春休みとキャンパス移転による引っ越しで本館の来館者が少なく，地震発生時の避難は速やかに完了，翌週には落下図書（蔵書の約1%）の片づけ，破損した設備の応急処置を終えた。公共交通機関の不通や燃料不足による自宅待機を経て，防災・節電のため一部閲覧室を閉鎖，10℃を下る寒さに凍えながらの業務で，来館者の滞在時間も短くなった。余震が続く3月中は，館員がヘルメット着用で資料を取ってくる閉架式の運用とし，相互貸借業務は郵送環境が整わず4月上旬まで停止した。司書の無力さを感じつつ，ホームページに被災地医療従事者向け緊急サイトを立ち上げ，関連団体・出版社などの支援サービス情報を掲載，情報収集と更新を継続した。当時，世界中で医療情報の無償提供の動きがあり，それらのポータルサイト的な役割をと考えたが，電話やネットが不通の被災地で求められていたのは，専門情報ではなくライフラインとマンパワーであった。

2 高田高等学校支援

情報収集中，岩手県立高田高等学校が本の寄贈を募るツイートに遭遇した。本，図書館が求められていることに感動し寄贈本を用意したが，翌日反響の大きさにツイートは削除，改めて事前連絡や寄贈リスト作成のお願いが掲載された。膨大な図書の受入体制が気になり悩んだ末，支援を申し出た。高校側では，寄贈者への感謝の気持ちからも自力で整理したいとの思いが強くあったが，仮設校舎での開校準備に追われ図書室まで手が回らないこと，より早く図書室を再開したい気持ちから全面的な依頼の要請を受けた。数回のメールのやり取りの後，寄贈の送付先を本学に変更し，盛岡での作業が可能となった。

高田高校の創立記念日である5月6日，開校準備中の仮校舎で受入方法や装備について打ち合わせ，奇跡的に校舎跡から発見した蔵書印と蔵書1冊，到着済みの寄贈図書16箱を預かった。わずかな冊数でも5月23日には開館したいとの意向に沿えるよう段取りや体制づくりを決定，職場の協力を得てボランティアを募った。閉鎖中の閲覧室を倉庫兼作業場とし，箱単位で作業の進捗状況（リストチェック，分類，登録番号付番，システム入力，ラベル出力，ラベル貼付，バーコード貼付，コーティング，排列）がわかるチェックリストを貼付，いつでも誰でも続きから作業可能な環境をつくった。受入方法やシステム操作などについての簡単なマニュアルを共有し，フィルム貼りなどの作業は分館（蔵書の90％が落下し，書架や壁も破損，ゴールデンウィークまで閉館）でも作業できるよう配送した。

写真1●岩手県立高田高校図書室での作業

5月9日から作業開始，22日に1,400冊を搬送，配架したが，狭い図書室の棚はスカスカで「この書架を本でいっぱいにできるといいね」と話し合った［写真1］。初日の来館者は20人，貸出冊数30冊の嬉しい知らせ以降，メールの往復で元気をもらうことが日常となっていた。

大半の館員が協力してくれたが勤務時間外の作業には限りがあり，日中応援に来てくれたOBのお陰で1日中フル回転作業となり，2か月後には5回の搬送で蔵書6,820冊となった［写真2］。秋からは送付先を高校に戻し，高校側でも作業可能となり，10,000冊を超えた蔵書により，初日の会話が嘘のように書架不足に悩まされた。その頃には，作業後の先生方とのティータイムも楽しみの一つとなり，2015（平成27）年4月の新校舎完成までかか

写真2●蔵書が7,000冊近くに回復

わらせていただいた。震災前の図書室は蔵書20,000冊以上，前年度貸出冊数4,500冊，リクエストも多い自慢の図書館であったが，新しい図書室も負けず劣らず素晴らしい空間と蔵書を備えている。

震災直後，行政など組織の体制が整うまでには数か月かかっており，個人など小さい規模の方が身軽に動くことができた。連絡手段が少ない中，Twitterや個々のつながりでの情報交換が有効であり，日常の地域内での連携も重要と感じた。今回の活動がきっかけで，多くの図書館員と知り合う機会も生まれ，高田高校とのご縁とともに大きな財産となった。

（かわさき　かおる　2018.7.31 受理）

司書課程を設置する大学の被災図書館への支援活動

関東学院大学社会学部　准教授（元・盛岡大学文学部）千　錫烈

1 支援活動の組織と方針

岩手県内の大学等が参加する「いわて高等教育コンソーシアム」の組織内に，盛岡大学と富士大学の司書課程を中核とした「被災地の図書修復及び整備についての研究チーム」（以下，研究チーム）プロジェクトを2012年2月に立ち上げ，被災地の図書館への支援活動を行った。発足直後に支援ニーズを探るべく教育委員会・公共図書館・学校図書館を訪ねた際に，「大学に支援を依頼しようとは考えもしなかった」といった言葉を聞き，そもそも大学に支援依頼をするという発想がまったくないことを痛感した。さらには，「大学は具体的な支援活動をするわけでなく，調査ばかりに来て，その後の調査結果の報告もない」という声を聞くことが多かったため，研究調査よりも地域に根差した具体的な支援を行うことを方針とした。

2 支援活動の内容

研究チームの支援活動は多岐にわたったが，復興段階に沿って内容も変化していった。震災後の第1段階では「図書館資料の救済修復活動」のニーズが強く，日本図書館協会東日本大震災対策委員会や岩手県立図書館と合同で行った陸前高田市立図書館の郷土資料救済や，岩手県立高田高校の校内資料修復活動などの支援活動を行った[写真1]。その後の復旧に向けた第2段階では「図書館の再開館へ向けた準備支援活動」が活動の中心となり，宮古市立図書館田老分館の書架レイアウトなどを行った[写真2]。再開館後の第3段階では，「来館促進」や「職員への研修」のニーズが大きくなり，野田村立図書館での影絵劇の上演会など集会行事活動や宮古市立図書館での学校図書館支援員（学校司書）への研修会などを実施した。

写真 1●高田高校校内資料の修復作業(2013 年 3 月)

写真 2●宮古市立図書館田老分室書架レイアウト(2013 年 8 月)

また，当初は「資料救済」や「図書館の復旧」という喫緊の支援が中心であったが，再開館以降は「学生の学び」を重視した支援活動に軸足を移していった。支援に参加した学生からは「司書課程で学んだことが支援活動に役立った」，「支援活動を通じて司書をより強く志望するようになった」という声を聞き，司書課程で得た知識を支援活動に活かすサービスラーニングの重要性を改めて認識した。

3 支援活動を振り返って

司書課程を設置する複数の大学が共同で被災地図書館の支援を継続的に行うというのは，全国的にも非常に珍しい試みであったといえる。「研究チーム」のメンバーは教員だけでなく，大学図書館員・学生も参加し，3者が連携して支援活動にかかわったことも特筆すべき点である。専門的知識が必要な支援には教員が対応し，実務についての支援であれば大学図書館職員が対応できる。また，書架整理などのマンパワーが多く必要な時には学生を動員することができる。支援状況に応じて最適な人的資源を組み合わせて多様な支援活動を行えたことは，研究チームの強みだったといえる。

2018年現在，全国で司書課程を設置する大学・短大は203校ある[1]。普段から司書課程と地域の公共図書館や学校図書館との緊密な関係の構築が必要であるが，震災などの非日常的なことが起こった際には，真っ先に地域の司書課程を設置する大学・短大を支援の依頼先として検討していただきたい。

（せん　すずれつ　2018.8.6 受理）

注：1）文部科学省「司書養成科目開講大学一覧」
http://www.mext.go.jp/a_menu/shougai/gakugei/shisyo/04040502.htm
（2018.8.6 参照）

2 県別概況 岩手県

◆いわて高等教育コンソーシアム「きずなプロジェクト」

岩手県内の大学などで構成されている「いわて高等教育コンソーシアム」には，所属する学生によるボランティア組織「きずなプロジェクト」があり，東日本大震災被災地での復旧作業などの活動を行いました。このプロジェクトとは別に，本文にもある「被災地の図書修復及び整備についての研究チーム」が，富士大学の斎藤文男さんと盛岡大学の千錫烈さんによって組織され，図書館への支援活動を行いました。（に）

『いわての図書館2014　東日本大震災津波記録誌』より

岩手県内の被害状況等については，岩手県図書館協会が 2014 年 12 月に記録誌をまとめています。ここでは記録誌から寄稿があった図書館以外の情報を転載し，被災状況，復旧活動等を概観します。なお，記録誌では各館の「1. 施設の概要」等が掲載されていますが，本書では一部省略し，以下見出し番号を繰り上げました。また，転載のため一部写真が不鮮明になっています。

大船渡市立図書館

1 地震発生時の様子

平日ということで，利用者の数はそれほど多くはなかった。これまで経験したことのない大きな揺れに事務室内にいた職員は，図書館内の利用者に落下物に注意し，身を守るよう声がけを行った。子供連れの利用者は子供を守るように身をかがめ，机の下に身を伏せるなどして揺れが収まるのを待った。

揺れがある程度収まったところで，利用者を館外に誘導する。利用者・職員ともに怪我もなく館外避難できたことは何よりだった。利用者においては，自宅へ帰るという方もあったため，十分に安全に考慮するよう，また，沿岸部に向かわないよう注意を行った。

BM は市内内陸部の小学校で貸出業務を行っていたが，揺れが収まったところで業務を中断し帰館した。

館内の目視点検をしたところ，大きな被害はないように見受けられたため，避難してくる方々への対応にあたった。

当館は津波による被害はなかったが，200m 先の国道を挟んだ向かい側の地域は津波が押寄せ，家屋の倒壊や浸水により甚大な被害に遭っている。

2 被害の状況

激しい揺れによる照明器具の脱落がみられ，学習スペースの壁面には亀裂が入るなどの建物被害があった。幸いなことに，書架は備え付けだったことから書架の倒壊や転倒による被害はなく，開架書架における図書資料の落下はせいぜい 200 ～ 300 冊程度のものであった。ただし，閉架書庫は書庫内の 1/4 の図書が落下しており，後日整理を行うこととなった。

また，旧図書館の新聞保管庫については，後日確認したところ書架が倒壊し，多数の新聞が足の踏み場もないほど落下し散乱する被害が確認された。

三陸公民館図書室は，職員は避難して無事であったが，津波により建物は被災し約3万冊の資料が流失した。

救援物資の保管場所となった図書館

書架が倒壊した旧図書館・新聞保管庫の様子

❸ 復旧活動

図書館自体に大きな被害はなかったが，市民文化会館へ多くの避難する方が集まってきたため，避難者対応が優先となった。停電により蔵書管理システムがダウンして図書館業務が行えない状況となったため，日中明るいうちに落下資料等の配架を行った。

図書館と併設している大船渡市民文化会館（リアスホール）は避難所として指定されてはいなかったが，地震直後から多くの方が避難して来られたため，避難者への対応や避難所運営が主な業務となった。

震災の翌日から自衛隊による支援物資の搬入がはじまり，電源が仮復旧した後は，避難者名簿の作成や避難所管理に追われた。次々と運ばれてくる支援物資を整理するため，図書館内に日用品等の支援物品を移動させて，仕分け管理を行うこととなった。被災地支援で来た応援職員の方々の宿泊場所として児童室や学習室・お話室など空いているスペースを利用してもらうこととなった。

当初は，300 名を越える避難者の対応に当たるのが手一杯で，なかなか図書館を整理することはできなかったが，徐々に避難所運営の合間をみながら図書館内の書架整理や，返却資料（被災・未被災を含める）の仕分け作業にあたった。

休館から半月ほど過ぎた頃から，市民から開館してほしいという声が寄せられてきたが，市役所内にあるサーバとの回線が復旧する目途がたっておらず，事情を説明し，当面休館することとした。

5 月半ばになって，ようやく回線が復旧し，蔵書管理システムが作動したことから，図書館内に積まれた救援物資を文化会館施設に移し，また，応援職員の方々にも移動いただいて，貸出資料の被災状況の確認や書架整理，照明等の修理を行って，開館に向けた準備を進める。

6 月 4 日にはとりあえず開館できたが，まだ多くの方が応急仮設住宅に入居できず，館内での避難生活を余儀なく続けられていたことから，開館時間は午後 5 時までとし，リクエスト・相互貸借などのサービスは当面休止することにした。

ブックスタート事業についても，開催場所としている保健介護センターが支援場所としての役割を担ったため利用できず，6 月に別の会場を借りて再開した。BM の巡回については，巡回場所の多くが被災したため，場所の見直しを行い，7 月より取りあえず 38 箇所への巡回を再開した。

9 月 1 日からは，通常開館し，平日は午後 7 時まで開館することができた。9 月から 11 月にかけて，今後の地震に備え，図書落下を防ぐため，寄贈された落下防止テープを書架に取り付ける作業を行った。

平成 24 年 2 月に入ってようやく，それまで休止していた図書館サービスを再開することができた。また，次年度の BM の巡回先として，各地域の仮設住宅を見てまわり準備を行う。（これにより 4 月の巡回から市内 9 箇所の仮設住宅を巡回）また，2 月から 3 月にかけて行った蔵書点検により，震災で流失した資料や震災による未返却資料の再調査を行い，除籍処理を行った。

平成 24（2012）年度当初からは，震災前とほぼ同様の業務を行っている。

4 その他

三陸公民館図書室や隣の陸前高田市立図書館などは，津波により貴重な資料が流失または被災してしまっており，気仙地方の郷土資料は当館が中心となってこれまで以上に対応していかなければならない責任を痛感している。

また，近隣市町在住の方々の利用が増えている反面，図書館から遠い市内地域の方の利用が伸び悩んでいる。このため，今後はより一層充実した展示や行事を企画して利用しやすい環境づくりに努めるとともに，遠隔地や仮設住宅の方々へはBMを巡回し，きめこまかなサービスを行っていく必要性を感じている。

今回の震災は，情報収集と保存，そして情報提供と発信の場として，いかに図書館が重要な役割を担っているかを改めて確認する機会となった。

釜石市立図書館

1 地震発生時の様子

地震発生時, 館内にいた利用者は児童が 3, 4 名と 4, 5 名の一般の方だった。

職員は，閲覧室へ向かう者，ボイラーを停止させ，ガスの元栓を閉めにいく者，それぞれが利用者の安全確保に動いた。

地震直後から書架の本が落下し続け，吹き抜けの一般閲覧室は天井から部材がバラバラと落下，外壁のレンガも落下していたため，職員は，利用者をすぐに外へ誘導することは避け，書架には近づかず机の下に隠れるよう指示した。ほとんどの利用者は，既に机の下に隠れており，児童室にいた児童も机の下に身を隠し，揺れの終息を待った。激しい揺れが繰り返し襲ってきたが, ある程度揺れが収まった段階で, 安全を確認し, 館外への避難誘導を行った。事務室側から見て，書架を挟んで閲覧室があるため，誘導にあたる職員は，大量に落下した図書資料を踏みつけざるを得なかった。

利用者を館外へ誘導した後，職員は，館内に取り残されている人がいないか，館内を再点検し，館外へ出た。利用者も職員も負傷者なく全員が無事であることを確認した。

一般の利用者は，自主的に身の安全を図りつつ，状況判断の上，帰宅した。児童たちは近隣の小学校の児童だったことから，学校へ連絡を取り，迎えに来た教論に引き渡した。

利用者全員が帰宅後，職員は館内に戻ったが，館内は停電して，薄暗く，余震も続いていたため，大量に図書資料が落下していたが，手を付けられる状況ではなかった。

当館の立地場所周辺は，沿岸部から3kmほど離れていたため，津波の被害は受けなかったが，市街地をはじめ沿岸部の集落は，甚大な被害を受けていた。このため，当館近隣の避難所にも多くの避難者が集まったことから，職員も避難所へ移動し，避難者対応することになった。

❷ 被害の状況

3月11日以降，職員は本部からの指示で各避難所や遺体安置所などの業務に対応していたが，3月28日，一度図書館に集まることになった。

震災後，手付かずのままになっていた館内は，蔵書の約半数が床に落下し，事務室も書類などが散乱し，足場のない状況だった。館内施設は，電設部材，照明器具などが落下していた。

作業するにも館内が薄暗く，ブレーカーを上げて通電試験を行ったところ，しばらくすると，1階ホール天井から雨漏りのように水が滴ってきた。

職員が慌てて2階へ駆け上がると，郷土資料室の暖房パネルが損壊しており，そこから大量の不凍液が床に漏れ出していた。職員全員で資料を机に上げ，漏れ出た不凍液をモップなどで何回も拭き取る作業をした。床に落下していた郷土資料数千冊に不凍液が浸透してしまった。

❸ 復旧活動

郷土資料が水濡れするという予期せぬ事態も発生し，早急に作業が開始された。職員は避難所などの業務を兼務しながら，作業を進めなくてはならない状況だったが，当館でボランティア活動をしている方や他県，他市から当市へ応援に来ていた職員の方々にもご協力いただき，落下した図書資料の拾い上げと書架整理，不凍液が浸潤した郷土資料の乾燥作業を進めた。

【4月10日】 国立国会図書館（国会図書館），岩手県立図書館（県立図書館）の方々が来館し，被害調査と資料修復に関する指導助言をいただいた。これにより郷土資料の乾燥作業に加え，カビの除去作業も進めていく。

【4月22日】 貸出業務を再開した。但し，開館時間・貸出冊数を制限し実施。（午前9時～午後3時，一人3冊まで）

【4月下旬】 ほとんどの職員が図書館に復帰した。

【5月24日】 開館時間の延長と貸出冊数を本来の冊数に戻し，新聞のみ閲覧可能とした。
（午前9時～午後5時，一人5冊まで）

【6月16日】 BMの運行を再開した。（市内の交通事情が改善しはじめていたことから，巡回場所を変更し再開。）巡回場所には，移転している幼稚園や小学校，仮設住宅団地などを含めた。巡回場所は42箇所。

【6月下旬】 郷土資料室で損壊した図書資料は，ボランティアの協力でほぼ応急処置を終え，書架に戻された。

【8月～12月】 館内施設の復旧工事に向け取りかかったが，市内各所の災害復旧本格化の影響により，数回入札を繰り返したが，不調が続いた。

【12月20日】 災害復旧工事請負契約締結。

【平成24（2012）年1月9日】 復旧工事が本格着工。

【2月10日】 一般閲覧室の供用開始。

【3月13日】 全館供用開始。

以上の流れで復旧活動を進め，全館の供用開始まで約1年を要した。

しかし，すべての作業が完了し，日常を取り戻した訳ではない。

郷土資料室については，水濡れした図書資料にカビが発生しないよう室内の温度・湿度管理，点検を続けている。

平成25（2013）年8月には，破損し，カビが発生した郷土資料を発見。当館ではとても修復することができず，県立図書館へ相談し，国会図書館より修復していただいた。

❹ その他

震災後は，多くの住民が様々な「情報」を必要としていた。本の貸出しや新聞閲覧を再開した際には，情報を求め来館する方も多かった。また，BMについても，新たに巡回を希望する仮設住宅団地も多く，情報を提供する場，心を癒す場としての「図書館」の役割，重要性を改めて考えさせられた。

釜石市立図書館
1階　開架書架

大槌町立図書館

❶ 地震発生時の様子

大槌町立図書館では地震発生時には約20名の利用者と，勤務中の職員2名がいた（全職員4名中2名は休み）。地震発生時，図書資料が落下するも書架の損壊は見られず。

揺れが弱くなった時点で利用者を避難誘導し，散乱した図書の上を乗り越え館外に脱出する。さらに高台へ避難するよう呼びかけ，その後すべての利用者が館外へ出たことを確認し，図書館の戸締りを試みるも停電しており自動ドア，シャッターを開けたままの状態とし職員も高台に避難した。

❷ 被害の状況

鉄筋コンクリート造の建物の流失は免れたものの，押し寄せた津波の高さは2階建ての図書館を飲み込むほどで，図書資料の多くが流失し，図書館としての機能を一切失う。

❸ 復旧活動

平成23（2011）年

3月　• 東日本大震災により図書館が壊滅し，これまで図書館勤務となっ

ていた職員すべて他部署に異動となる

4月　●新たに図書館長が発令される・寄贈図書の呼びかけを開始する

7月　●3.11絵本プロジェクトいわてよりえほんカーの寄贈を受ける

8月　●避難所で運営及び雑用をこなしてきた臨時職員を8月11日の避難所解消と共に職場を生涯学習課図書班に移し，寄贈図書等の整理作業を開始する

●ブックコンテナを使った移動図書を開始する

10月　●（株）富士通東北システムズより，図書館システム，TRCより書誌データサービスシステムの無償提供を受けて図書の登録作業を開始する

●3.11絵本プロジェクトより寄贈された絵本を町内の幼稚園，保育園に配布する

●図書室再開に向けて岩手県立図書館より指導及び助言を受ける
平成24年7月まで月1回

12月　●えほんカーを使用し，仮設住宅の駐車場などで古本市を開催する

平成24（2012）年

3月　●花巻市立東和図書館，花巻市立石鳥谷図書館視察

6月　●城山図書室開館（6月1日）

8月　●BMを使用した移動図書の運行を本格的に開始する

12月　●仮設小中学校へBM運行及び団体貸出を実施する

平成25（2013）年

2月　●新図書館の計画検討に向けた調査研究視察

3月　●読み聞かせボランティアによるお話会を開催する

●被災した図書館を再建するための検討委員会を設置する

5月　●第1回（仮称）大槌メディアコモンズ（MLA）検討委員会準備会を開催する

●MLA基本構想策定業務委託をホームページ上で公募

6月　●第2回検討委員会準備会の開催基本構想策定受託業者の決定。契約締結

8月　●第1回（仮称）大槌メディアコモンズ（MLA）公開検討委員会の開催

9月　• 第2回（仮称）大槌メディアコモンズ（MLA）公開検討委員会の開催

4 その他

当時の担当者に話を聞きながらの作業となった。地震発生時の状況として，学生の利用者が多く，避難の誘導にも重い腰を上げるという状況で，職員が急き立てて避難を促したとのことであったが，利用者，職員ともに被害者を出すことなく避難出来たことに改めて胸をなでおろしている。震災発災後の4月から図書寄贈の呼びかけを行い，平成25（2013）年9月末時点では約7万5,000冊の図書が全国から寄せられた。また，県立図書館をはじめ県内外の図書館からの支援や指導を受け，町民待望の図書室が平成24（2012）年6月に開館した。平成25（2013）年9月までに約3,000名の方が図書室を利用している。また，仮設住宅に暮らし図書室へ足を運ぶ事が難しい方々に移動図書は多く利用されている。

これまで収集してきた郷土資料がすべて失われ，寄贈の呼びかけを行うもなかなか集まらない状況である。今後も定期的に呼びかけを行い可能な限り

震災後の図書館外観

1階児童コーナー

移動図書運行準備の様子

読み聞かせ会の様子

城山図書室

（仮称）大槌メディアコモンズ（MLA）公開検討委員会

収集を行っていきたいと考える。

東日本大震災により失ったものはとても大きいが，「読書」の大切さを改めて強く感じた。大槌町立図書館は多くの支援を受け一歩を踏み出したばかりである。被災した図書館を新たな情報発信及び町民の交流の場として再興させていく計画も動き出している。町民の学びの場，憩いの場となるよう実現に向けて努力していきたい。

宮古市立図書館（分室：田老分室・新里分室・川井分室）

●本館

1 地震発生時の様子

平成23（2011）年3月11日，午後2時46分，震度5の地震があり，閲覧室の図書が一部落下（約100冊）。館内利用者は38名いたが職員を含め全員無事に屋外へ避難。ライフラインの不通により同日，当面の間の全館休館を決定した。

宮古市立図書館のある地区は2，3日後に電気，水道が復旧した（電話は当分復旧しなかった）が，被災地区のライフラインの見通しは立たなかった。

2 被害の状況

(1)　入口頭上壁面に亀裂が発生し修復済

(2)　ガラス破損2箇所

(3)　被災本約1,500冊（BM分含む）

❸ 復旧活動

1階天井まで浸水した市役所本庁舎の電気，水道の復旧が見込めないため，図書館の会議室，展示室等を使用することとなった。市の避難者名簿作成作業，仮設住宅建設計画作業のため，パソコン等事務機器及び会議室等の提供を行った。隣接する勤労青少年ホームが管理する体育館が遺体安置所となったため本館が関係機関の待機，連絡場所となり後方支援協力に努めた。職員には避難所勤務も割り当てられた。

図書館は，4月1日から開館（4月は時間を短縮して午前9時から午後5時まで）した。予約は受け付けないこととしたが貸出業務は通常どおり行った。5月からは通常開館し，予約も再開した。

広報の配布場所にもなり市民への情報及び資料提供に努めた。BMは，4月より被害の少ない地区で運行開始し，被災地区は運行を見合わせた。7月以降は，仮設住宅（6箇所）も加えて運行した。

●宮古市立図書館田老分室

❶ 地震発生時の様子

地震発生当時利用者は2名いたが，職員及び利用者全員無事に避難できた。分室のある田老公民館は，津波避難所であったが室内にも津波が入り15cm程度の床上浸水となった。

❷ 被害の状況

(1)　建物が15cm程度の床上浸水

(2)　被災本3,267冊，視聴覚資料9点

(3)　浸水により多数の書架等に錆が発生し使用不能

❸ 復旧活動

職員は，公民館に隣接する勤労福祉センター（体育館）が遺体安置所及び物資保管庫となったほか，公民館が貴重品の管理・流失したアルバム等の整理場所となったためしばらくの期間対応に追われた。

床上浸水後，分室内は業者に依頼して清掃を行ったが，床が黒く変色し使用できない状況となった。また，被災を免れた図書をそのまま分室内で保管していたが，夏場のカビの発生に伴い，換気のいい隣接の体育館内の和室に移動した。

平成 23（2011）年 10 月からは，田老総合事務所の 1 室を借りて週 2 日（火・金曜日，午前 10 時から午後 2 時まで）臨時開館。平成 24（2012）年 6 月から開館日・開館時間を拡大（火～金曜日，午前 9 時から午後 5 時まで）。平成 25（2013）年 4 月からは田老公民館 2 階の会議室に移り震災前の開館日・開館時間に戻すことができ，平成 25（2013）年 10 月 1 日には改修工事が完了。完全復旧となった。

●宮古市立図書館新里分室

❶ 地震発生時の様子

地震発生当時利用者はなく，職員全員無事だった。

❷ 被害の状況

建物等にも被害は無かった。

❸ 復旧活動

3 月 11 日から 31 日まで休館し震災支援活動に努めた。隣接する体育館は物資の保管庫となり，夏ごろまで対応に追われた。女性職員は交代で炊き出し作業にも従事した。

4 月から通常開館したが，震災関連の支援業務も続いた。また，同施設グラウンドには被災者用仮設住宅 60 戸が建設された。

●宮古市立図書館川井分室

❶ 地震発生時の様子

地震発生当時利用者は無く，職員全員無事だった。

❷ 被害の状況

建物等にも被害はなかった。

❸ 復旧活動

3 月 11 日から 31 日まで休館し震災支援活動に努めた。女性職員は，交代で炊き出し作業にも従事した。4 月から通常開館した。

山田町立図書館

❶ 地震発生時の様子

地鳴りとともに激しい横揺れが繰り返し続き，図書館の事務室で執務をしていた職員は，閲覧室にいる利用者数名を確認し館外に誘導して回る。数分後，高台に位置する本館に，多くの町民が避難し始めその後は，町民の避難所としてその機能を果たした。

❷ 被害の状況

町立図書館が，現在地に移転してきたのは，平成 15（2003）年である。同年 5 月に発生した三陸南地震で，当時の図書館の壁面がひび割れ危険な状態になったことから，緊急避難的に現在の中央コミュニティーセンターに引っ越してきた。この施設は手狭なこともあり，収容できない蔵書を町内の小学校の空き教室や町の施設に保管していた。震災によって，山田町立図書館の施設自体に被害はなかったが，蔵書・資料を保管していた施設が被災し，所蔵資料 7 万 1 千冊のうち，約 3 万 8 千冊が流失した。

❸ 復旧活動

- 平成 23（2011）年 3 月 11 日午後 2 時 46 分東日本大震災発生。蔵書の保管施設が被災し約 3 万 8 千冊の蔵書が流失。
- 5 月，平成 15（2003）年，町内の施設に蔵書等の保管を依頼するとき一冊ずつ台帳と確認していなかったので，流失した蔵書が特定不能の状態。そこで，所蔵図書をコンピュータに入力し，図書原簿と付き合わせるという気の遠くなる作業を開始。
- 11 月，一般室，児童室での開架資料，約 2 万冊の作業が概ね完了したことから，11 月 1 日開館（未処理の郷土資料は，入力作業継続中）。

❹ その他

平成 25（2013）年 10 月 1 日には，図書館システム導入に併せて，関係機関の支援により町民の思いのこもった図書カードを作成し窓口業務の時間短縮を図った。カードの図柄は，長年多くの町民に親しまれてきた「クジラ」と山田町から発掘された蕨手刀をモチーフにした「わらびぃ」とし，子供から大人まで好評である。この図書カードを通して，図書館と町民との繋がりが一層深まったことを実感している。

平成 25（2013）年 10 月 12 日から 20 日まで初の試みとして開催した「やまだ図書館まつり」は，町内の読書ボランティア団体やシャンティ国際ボランティア会（SVA）の支援を得て，期間中 1,000 人を越す来館者を記録するなど，予想を上回る成果を上げることができた。町の歴史等を題材としたクイズコーナーの問題が，町の話題になるなど町民の心を一つにしたひとときだった。その後の図書館独自の様々な企画展においても，図書館を癒しの場として訪れる町民の姿が見られようになった。「やまだ図書館まつり」を実施したことで，町民が図書館を身近に利用してくれるという大きな波及効果があった。

今後も，全国各地から寄せられた温かいご支援を力に，町民と共に歩む地域の「読書センター・癒しの場」としての機能を高めるような図書館経営に努めたい。

震災直後，壊滅状態の山田町
(平成 23 (2011)年 3 月撮影)

震災直後の役場庁舎前での
物資配布の様子

田野畑村アズビィ楽習センター図書室

❶ 地震発生時の様子

アズビィ楽習センター図書室では，地震発生時に，室内には3人の利用者がいた。

利用者の安全確認を行い，室外へ避難するよう誘導した。

❷ 被害の状況

利用者及び施設に被害は無かったが，貸出中の書籍が相当数流失した。

村内の避難者は600人以上となり，同施設の会議室や隣接のホールには収まりきらず,図書室の備品を1箇所にまとめ,スペースを確保し避難所とした。

❸ 復旧活動

村内3箇所の仮設住宅建設に伴い，避難者はそれぞれの仮設住宅へ入居した。

- 高校グラウンド（50戸）
  5/6完成，5/16入居開始
- 中学校グラウンド（94戸）
  5/26完成，5/28入居開始
- アズビィ前（42戸）
  6/28完成，7/2入居開始

その後，1箇所にまとめた備品を県立図書館職員の支援のもと整理した。

図書室としての機能が復旧したのは平成23（2011）年の9月30日。

❹ その他

施設全体で大きな揺れを感じたが，利用者の反応は敏感で避難誘導はスムーズに行われた。

久慈市立図書館

●久慈市立図書館

1 地震発生時の様子

平成23（2011）年3月11日（金）午後2時46分，1階の図書館内にはおおよそ15名の利用者と6名の職員がいた。

当館は，中央公民館との複合施設となっており，2階，3階の中央公民館では，サークル活動や会議が行われていた。

3階の会議室では，ちょうど平成22年度第2回図書館協議会の真最中であり，委員8名と久慈市立図書館の職員他，関係課の職員8名，合計16名が会議に参加していた。

その時，建物が大きく横揺れした。経験したことのない大きな揺れと，経験したことのない長い時間だった。

地震と同時に，停電となり，電話も繋がらない状態となった。

まず，利用者への安全確保のため，「窓ガラスや本棚から離れること」，「外に飛び出さないこと」を館内放送し，来館者を誘導して一旦，屋外へ避難をした。

幸いなことに，利用者に怪我等はなく，多くの方が急いでご自宅へ帰られたため，図書館は閉館とした。

サイレンが鳴り続ける中，「大津波警報が発表になったので，高台へ避難するように」と，防災無線が何度も何度も繰り返していた。

図書館の職員は，中央公民館の職員とともに，2階及び3階の中央公民館で待機した。

2階中央公民館の正面出入り口は，堤防に接しており，目前にある久慈川を見渡すことができる。

地震発生から約1時間が経過しようとしていた時，目前にある久慈川の様子が一変した。黒い濁流が川を埋め尽くし，波が上流に向かって，遡上してきた。津波は，堤防の高さいっぱいまで迫ってきたが，堤防を越えることなはなかった。

もし，津波が堤防を越えていたら，堤防より低い場所にある1階の図書館は，水没してしまうところだった。

❷ 被害の状況

幸い，利用者と職員に負傷者はなかった。

被害は，閉架書庫内の書棚が一つ，横揺れと書籍の重量に耐えきれず破損した。それ以外には書籍が落下，散乱するというような被害は，ほとんどなかった。

これは，平成 20（2008）年の岩手県沿岸北部を震源とする地震の際，スチール製書架が倒壊した経験を踏まえ，その後，危険防止の措置を講じたり，安全性のある木製書架を増設していたことによるものと考えられる。

❸ 復旧活動

久慈市立図書館・中央公民館が一体となったこの複合施設は，久慈川のすぐそばであることなどから，指定避難所ではなかった。

しかし，車などの移動手段のない周辺の住民が，中央公民館に避難してきた。そのため，急遽，臨時の避難所を開設することとなった。

3 月 13 日（日）に，電気と水道が復旧し，臨時の避難所を閉鎖するまでの間，職員は中央公民館の職員とともにその対応に追われた。

主な仕事は，食料，毛布等の調達，暖房器具の手配，夜間の面接対応，トイレの水汲み等であった。

3 月 15 日（火），館内全体の施設点検を職員総出で実施した。開館に問題なしと判断し，翌 16 日から通常どおり開館することができた。

3 月 16 日（水）以降は，図書館の通常業務に加えて，2 階中央公民館に，救援物資等が搬入されたため，物資の搬入作業も行った。

❹ その他

(1)　他市町村への支援

野田村の住民に対する図書の貸出及び野田村への移動図書館車の運行を実施した。

平成 23（2011）年 5 月 1 日～平成 24（2012）年 3 月 31 日

(2)　課題等

火災を想定した避難訓練は，毎年 2 回実施しており，非常放送を行い，正確な情報を伝えることを徹底していたつもりだったが，実際は，そのような動きがとれなかった。すべての職員が，機器の操作に慣れ，何を伝えればよいのかを訓練しておかなければならないと感じた。

また，久慈川のすぐそばにある当施設は，津波や水害等による氾濫の危険を含んでおり，日ごろから職員全員が避難方法等を念頭におき，行動できるようにしておくことが大切であると再認識した。

今後も，この東日本大震災を風化させることなく，災害時を想定した訓練を行い，利用者が安心して来館できるよう，安全な図書館づくりに努めてまいりたい。

平常時の久慈川：大きな建物の右隣が図書館

遡上した津波が堤防の高さに達している様子
画像提供：ダナスプランニング

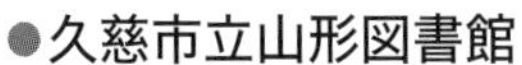

●久慈市立山形図書館

❶ 地震発生時の様子

地震発生時は，来館者はいなかった。4 名の職員はすぐに館外へ避難した。また，山村文化交流センター内には他の職員が 6 名いたが館外へ避難した。

❷ 被害の状況

図書館は，数冊の図書が散乱したのみであり，大きな被害はなかったが停電となったので図書館は休館状態となった。

山村文化交流センターの施設も大きな被害はなかった。

❸ 復旧活動

大きな被害はなかったが地震発生時から停電となり休館状態となった。震災の翌日には 3 名の利用があったが停電のためシステムが利用できないので貸出しや返却は手書きで対応した。

❹ その他

職員 2 名が，被災した野田村立図書館の仕分け作業等の手伝いを行った。

野田村立図書館

❶ 地震発生時の様子

地震発生時は，揺れが激しく書架から本が落ちたりしたが，書架の転倒はなかった。施設が停電となったため，館内にいた利用者数名に対して速やかに避難するよう誘導した。

❷ 被害の状況

野田村は震度5弱と他の被災地に比べて小さく，地震そのものの被害は少なかったが，津波により壊滅的な被害を受けた。図書館内部も約1.7m浸水し，書架が倒され，蔵書のほとんどが海水に浸かった。建物の壁や窓が壊れ，泥やガレキ，車などが入り込んでいた。被災当時は，建物周辺はガレキの山となっており，又，行方不明者の捜索が行われていたため，建物に近づくこともできなかった。

利用者に速やかに避難するよう誘導し，担当者も安全確認後避難したため，人的被害はなかった。

❸ 復旧活動

災害ボランティアの皆様のご協力をいただき，建物内のガレキや泥の撤去作業をしていただいた。

関係機関への協力要請をし，被災した本の中から，村にしかない資料や郷土資料を選別し，泥を落とす等の資料保存作業や世界・日本各地から寄贈された本の仕分け作業も行っていただいた。全ての本を復旧させるには，時間と労力が膨大にかかるため，一般図書は全て廃棄した。

建物の改修と併せて，震災前から計画していた増築工事も実施した。当初は学習スペースとして増築を行う予定であったが，ご支援いただいていた他の図書館職員の方から，「児童書や絵本の寄贈が多いため，小さい頃から本に親しむ場を提供するという意味で児童スペースにして，親子で気軽にきてもらい，そこで読み聞かせを行うなどの展開を考えてはどうか」というアドバイスをいただき，子供の読書推進にも繋がると考え，児童スペースとした。児童スペースにはマットを敷き，子供が寝ころびながら本を読めるスペースも造った。書架の配置や本の配架などにも多くの皆様からアドバイスやご協力をいただいた。寄贈された本及び購入した本のブックコーティングなどの作業をし，新たに図書館システムの導入を行い，平成24（2012）年5月21日に図書館を再開することができた。

再開当時は蔵書冊数が13,517冊で書架に空きがあったが，本の購入を行い，又，現在も本が寄贈されているため，徐々に蔵書冊数が増え，平成25（2013）年8月には，震災前の蔵書冊数と同等となり，書架も埋まってきた。

また，再開当時は，本を借りる際には申し込み用紙に必要事項を記入して借りなければならなかったが，平成25（2013）年4月からは図書館システム（貸出システム）の稼働により，図書館利用者カードで貸出しを行えるようになり，スムーズに本の貸出しを行えている。

震災の影響により，活動が困難になっていた村の読み聞かせ団体「あっぷっぷ」も平成24（2012）年11月に活動を再開した。震災前に行っていた小学校や老人ホームにおける読み聞かせ，毎月第3土曜日には図書館の児童スペースにておはなし会を行うなど，震災前より精力的に活動している。おはなし会の際には，地元の高校の図書委員会の生徒達も参加し，読み聞かせを行っており，若い世代の育成も行っている。

4 その他

当図書館職員だけでは図書館を再開することはできませんでした。他の図書館職員等の協力や世界・日本各地の皆様からの図書の寄贈，又，励ましのメッセージ等をいただき，多くの皆様のご支援や想いにより再開することができた図書館です。職員一同「みんなの図書館」と思っております。村民の方以外にも図書の貸出しを行っておりますので，野田村に立ち寄る機会がありましたら，ぜひ，図書館にも足を運んでいただければ幸いです。

今後は，大人向けの蔵書の充実と，復旧・復興が進む中，被災により再認識された「本」の重要性について，その気持ちが薄れないよう，震災により，より強くなった関係機関との「繋がり」を大切にし，事業展開等をしていきたいと思っております。

また，ご支援いただいた皆様への感謝の気持ちを忘れることなく，利用者の方々が利用しやすい，また来たいと思えるような，より良い図書館を目指したいと思っております。ご支援いただいた皆様，誠にありがとうございました。

～野田村立図書館職員一同より～

岩手県立大学宮古短期大学部図書館

●宮古短期大学部図書館

❶ 地震発生時の様子

地震発生時には，利用者３名と職員３名がいた。机の下で待機した後，屋外に避難した。学外の利用者が市の指定避難場所へ移動後，閉館した。

❷ 被害の状況

負傷者はなかったが，館内の蔵書約40％が落下し散乱したほか，書架の転倒防止金具が一部破損し，電気，水道等のライフラインが停止した。

❸ 復旧活動

３月11日地震発生後から３月31日まで休館し，館内の復旧作業を行った。

ライフラインの復旧時期は，電気３月12日，水道３月14日，ネットワーク３月22日，固定電話３月24日であった。

❹ その他

春季休業中であったため，大きな混乱はなかったが，ライフラインが停止したため，情報収集が困難であった。他の図書館への支援としては，平成24（2012）年12月に陸前高田市立図書館へブックコートフィルム等の物品を寄贈した。

宮城県

■宮城県内図書館・公民館図書室の被害状況

館名	被害状況			開館日	備考	最終確認
	人的	建物・設備	図書資料			
宮城県図書館	なし（被災時：利用者約350名，職員等関係者・業務委託事業者98名）	破損か所被害総額約6000万円。館内壁面大型ガラス，石板等の破損・落下・剥離，他。書架・書棚類，保管棚類転倒，損壊（電動書架），外構関係一部損壊（一部地盤沈下，崩落等），エスカレータ，エレベータ自動停止。システム関係ではサーバーラック内UPS故障。端末数台落下（大きな損傷なし）	散乱，3/11本震により約105万点のほとんど落下，4/7余震で約5割落下	5/13		
仙台市民図書館	なし	本震で建物甚大な被害，余震で建物上層の天井一部落下	本震で大多数の落下，破損数百点。余震で半数が再度落下	5/3	BMは荒浜駐車場を除き通常運行	10/5
仙台市広瀬図書館	なし	無事	散乱	4/19		10/5
仙台市宮城野図書館	なし	内部の給水管破損	給水管原因の水損	4/18	1階部分のみ開館	10/5
仙台市榴岡図書館	なし	建物点検中	散乱			10/5
仙台市若林図書館	なし	スプリンクラー故障，視聴覚機器水損	散乱	5/27		10/5
仙台市太白図書館	なし	ガラス割れ	散乱	5/10	9/10～12/16 地下1階部分のみ開館	10/5
仙台市泉図書館	なし	1階ガラス割れ20か所，内外壁亀裂多数，一部鉄筋露出。エレベータ，屋上ゴンドラ破損，一部書架集団ずれ，書架転倒多数	散乱多数	11/30		10/5

館名	被害状況			開館日	備考	最終確認
	人的	建物・設備	図書資料			
仙台市泉図書館黒松分室				6/3		
仙台市泉図書館加茂分室				6/7		
仙台市泉図書館長命ケ丘分室				6/7	大規模回[ママ]収工事のため9/2～H24.4月中旬休館	
仙台市泉図書館将監分室				6/14		
仙台市泉図書館松陵分室				9/6		
仙台市泉図書館根白石分館				9/6		
塩竈市民図書館	なし	津波で1階浸水，入口ドア等のガラス破損。3・4階の図書館内の集密書架等倒壊・破損多数	本震で7割程度落下，余震で3割程度落下。離島での利用のための500冊余全て流失	4/21	4/14BM暫定運行開始	4/28
名取市図書館	なし	壁亀裂多数，2階の壁や柱表面崩落。窓ガラス破損，ひび割れ多数。建物外部の壁・柱亀裂多数，落下物あり。書架転倒・破損多数	本震で相当数落下，余震で半数落下	5/10	10/11図書館南館再開本館：貸出・返却業務の他，新聞・雑誌類の閲覧可能	11/9
多賀城市立図書館	なし	玄関ガラス破損，天井一部落下，ボイラー破損。山王分室の書架転倒。大代分室の書架，パソコン端末廃棄	散乱，大代分室約9,000冊廃棄	4/23	8/2本館一部開館，8/9BM再開（一部巡回コース制限）	10/16
岩沼市民図書館	なし	本震で旧館の駐車場と入口スロープに亀裂，書架数か所転倒。余震で新館の蛍光灯1基落下。東分館は床上45cmの津波浸水，書架数か所転倒	旧館は散乱，新館は余震時に数冊落下，東分館は図書の半数1,240冊水損・流失，視聴覚資料は全点水損・流失	5/28	3/25西分館開館，6/20東分館開館	6/21

館名	被害状況			開館日	備考	最終確認
	人的	建物・設備	図書資料			
亘理町立図書館	なし		図書2割落下，視聴覚資料一部破損	6/1		6/7
利府町図書館		壁に亀裂。基礎沈下による書庫傾斜・ゆがみ，書架のずれ・ゆがみ	3～4割散乱	5/7		5/11
山元町中央公民館図書室		無事	散乱		9月から公民館図書室として再開	12/2
松島町勤労青少年ホーム	なし	なし	散乱	6/3		6/18
七ケ浜町図書センター		被害甚大	全て公民館に移動		9月中旬から公民館図書室として再開	12/2
白石市図書館	なし	なし	散乱	3/23		10/16
角田市図書館	なし	建物亀裂・落下，児童用書架8割転倒，一般用書架破損，BM書架一部転倒，ずれ，閉架書庫破損	散乱多数，視聴覚資料破損あり	4/18	こども図書館7/1開館	10/16
蔵王町立図書館	なし	棚板3枚外れ	7割落下	3/29		10/16
柴田町図書館	なし	電灯落下	散乱	4/26		10/16
丸森町立金山図書館	なし	内装・外装・天井に亀裂，書架ゆがみ，棚外れ	散乱，一部破損	5/10		5/12
大河原町駅前図書館	なし	なし	5割散乱，4/7余震で2割散乱，天井裏の配管破損により50冊程度水損	4/20		6/1
大崎市図書館	なし	壁亀裂，床ゆがみ・亀裂多数。書架ずれ，一部損壊，ガラス戸破損，棚板外れ，電動書架破損	6割程度落下，書籍・視聴覚資料一部破損	4/13		4/27

館名	被害状況			開館日	備考	最終確認
	人的	建物・設備	図書資料			
加美町中新田図書館	なし		散乱多数	4/12		5/17
加美町小野田図書館	なし			4/11		5/17
美里町小牛田図書館	なし	天井一部落下，ガラス壁破損，書架１棚転倒，ガラスレリーフ破損	９割落下，破損あり	4/9		4/27
美里町南郷図書館	なし	閉架移動書架がレールから外れた	８割落下，破損あり	4/9		4/28
栗原市立図書館	なし	外壁等亀裂，自動ドア故障，正面入口付近地面陥没	散乱多数	4/12		6/1
登米市立迫図書館	なし	増築時のつなぎ目に亀裂，建物全体にゆがみ，きしみ，隙間，雨漏り，壁にひび多数。木製書架３台倒壊・破損。ステンレス製書架 15 台全て転倒，破損。全ガラス扉破損・散乱，新聞書架倒壊。外部アスファルト亀裂多数。ブロック塀倒壊。地盤沈下，地面陥没。余震により，増築部分離脱，梁落下。耐震橋脚歪み倒壊。地盤沈下拡大	ほとんど落下，破損・汚損。余震により２階新聞・図書全て落下	5/18		5/18
登米市立登米図書館	なし	１階書架８割転倒，２階の二段重ね書架上部転倒，書庫ガラス扉１枚破損。書架のずれ，破損，歪み・入口スロープ等に亀裂。地盤沈下，陥没	本震で６割落下，破損多数。余震で１階５割，２階６割落下，破損多数	4/19		6/7

館名	被害状況			開館日	備考	最終確認
	人的	建物・設備	図書資料			
石巻市図書館	臨時職員1名行方不明	外壁・内壁・床・天井に破損・亀裂。館外のたたき通路等多数亀裂	数万点落下，貸出資料のうち数千点水没・汚損と推測。余震により閉架書庫の資料多数散乱	6/17	貸出・返却のみ	10/16
東松島市図書館	なし	余震により天井落下等	9,000冊余り被災か	6/1	仮開館	10/16
気仙沼図書館	なし	蛍光灯落下，内外の床・壁・天井等破損か所多数，ガラス・アクリル板破損，移動図書館車水没	6割落下・破損，貸出中資料流出多数。BM搭載資料3,000冊水没。余震により2割落下	3/30	9/1BM運行再開	11/9
気仙沼市本吉図書館	なし	ひび割れ，天井よりコンクリート片，鉄片落下	多数落下	5/6		10/16
南三陸町図書館	館長死亡	全て流出，地盤沈下	全て流出	10/5	プレハブで再開，各社新聞，雑誌類閲覧可能	10/5

出典：「東日本大震災における被害状況一覧表」『図書館年鑑 2012』日本図書館協会，2012，p.343-345

原典：宮城県図書館「東日本大震災による県内市町村図書館及び公民館図書室の被害状況」（最新更新日時 2011/12/28）

東日本大震災の経験から
――図書館の役割を考える契機として

宮城県教育庁高校教育課（前・宮城県図書館）**熊谷慎一郎**

2011年3月11日に遭遇した地震は，実際の時間よりも長く，数十分も揺れ続けたように感じられ，「このまま揺れ続けたらどうなるのか」と不安を覚えるほどでした。その時間帯は雪が降っていましたが，夜には止み，星がきれいに見えました。街灯が点いていない，信号すらともっていない街を，ゆっくり車を走らせ帰宅しました。帰宅して自宅の様子を確認したところ，いろいろなものが散乱していましたが，大きな家具の転倒などはなく，片付けもさほど時間がかかるようには見えなかったので，自分の生活はなんとかなると確信できました。

3月13日，Twitterを通じて，仙台市内の避難所にいた岩手県立図書館の統括責任者（当時）の小林是綱氏と合流してほしいと連絡があり，作業の合間を縫って，出向き再会することができました。拙宅に一時的に滞在してもらい，その後山形県を経由し，秋田県側から盛岡市に向かっていきました。氏のように旅行者がたまたま被災した場合，慣れない土地での行動，他地域への移動もまた大きな苦労があったと思います。

本稿では，東日本大震災からの復旧・復興過程で経験したことをもとに，宮城県内の状況について概観していきたいと思います。なお，本稿において意見の部分は筆者の個人的な見解であり，所属する組織の見解ではないことをご承知ください。

宮城県内の公立図書館等も被災し，その被害の軽重はありますが，どの館も一定期間の休館を余儀なくされました。学校図書館や大学図書館，病院図書室などにも同様に大きな被害がありました[1)]。図書館サービスの要である移動図書館車両が被災したところもあります[2)]。校舎が通常どおり使用できなくなった学校も多くありました[3)]。また，図書館で働く人にとっても大きな出来事でした。南三陸町では当時の館長（生涯学習課長兼務）が津波により亡くなっています。

宮城県における図書館の被災状況を大きくまとめると以下の2点として集約できるように思います。

(1) 地震による被害により，震災以前の図書館サービス再開が困難になった図書館が多い。

(2) 津波による被災地域では，図書館が高台にあり浸水を免れたところがある一方，浸水域にあった館は被害甚大である。浸水域にあった図書館をどう再建し復興していくかという課題が相対的に大きい。

津波による被災図書館のうち，南三陸町図書館は，施設の復旧がなされ再開館したのは2019年4月のことです。また津波により被災した学校のうち，宮城県農業高等学校の校舎の復旧が終わり供用開始されたのは2018年3月，気仙沼向洋高等学校では2018年7月のことです。津波による浸水を免れたものの，地震の揺れによる被害が大きく，建物を再建しなければならなくなった気仙沼市気仙沼図書館や名取市図書館は，その再建を終えて開館したのがそれぞれ2018年3月，2018年12月です。再開までに2011年から7年以上を要しました。石巻市図書館の雄勝分館，北上分館は2019年12月時点でも休館中です。この復旧開館までの期間を妥当と評価するか，長い（あるいは短い）と評価するかは今後検証されていくことになると思いますが，事実として，東日本大震災による図書館の被災から本格的に建物を整備して復旧させるまでの時間規模を共有しておく必要があると思います。

もちろん，その間，図書館が完全に止まっていたわけではありません。サービスの一部でも再開させようと各図書館でさまざまな取り組みがされました。建物の一部を立ち入り制限して開館したり，移動図書館車を建物の代わりに用いたり，仮設のプレハブを用いたりといったように，場所の確保にはそれぞれの図書館の事情に沿った工夫がなされていました[4)]。仮設図書館の場所も一定のままとはかぎりません。南三陸町のように，仮設図書館の場所を幾度か移転を繰り返しながらという例もあります[5)]。いずれも，図書館を少しでも住民の方に，利用者の方に使える環境を作りたい，よりよい環境を少しでも作りたいという思いが伝わってきます。

体験記には，避難所業務あるいは災害対応業務について書かれたもの[6)]とともに，避難所で本を活用した被災者へのサービス提供の例が多く寄せられています[7)]。中には，石巻市や女川町のように移動図書館を運行して仮設団地等に図書館サービスを提供する例もありました[8)]。これらは平常時に行うものというよりは，復旧・復興期に図書館ができる図書館らしいサービスの例として参考になると思います。震災を契機としたレファレンスが寄せられた図書館もありました[9)]。図書館の役割を考えたときに，特に，本や情報を得ようとする住民に対するサービス提供のあり方を教えてくれるものと思います。

さて，私は，さまざまな機会を捉え，宮城県内の公立図書館等の事例を中心に，震災後の市町村図書館の取り組みや都道府県立図書館の取り組み・役割について話してきました。そこでは，宮城県図書館が被災地の県立図書館として，市町村図書館等の運営を支援することにできるだけ重点を置くことを重視した取り組みを紹介しています。この取り組みには，県内の被災した図書館に対する支援はもちろんですが，情報を収集して発信したり，研修会や連絡会議を開催したりといった間接的な支援も含まれています。

間接的な図書館サービスとも言われていますが，県立図書館は県内の図書館等への協力を日々業務として行っています。東日本大震災にあっても同様です。震災からの復旧に際し，さまざまな支援者等から寄せられる情報や案件調整も多くありました。これらの調整にあたり，県立図書館が中間組織として機能するよう意識してきました。

また，県立図書館としてその広域性や専門性から，震災関連の資料を広く収集し，コレクションの構築，デジタルアーカイブの構築も重要な事業として取り組んできました。被災者への直接的な支援（例えば，避難所へ本を提供する，おはなし会を行うなどといった図書活動）は行っていませんが，このような活動を軽視したのではなく，図書活動そのものを直接的に行うより，図書館や図書活動をしている個人・団体と協力し支援することで，被災者や住民に対してサービスを間接的に提供できると強く意識したことによります。このことは一定の評価を頂いているようです[10)]。

東日本大震災の直後から，多くの支援活動が被災地で展開されました。寄せられる支援には，大きく，図書館の復旧を支援するものと，図書活動を支援するものがあります。被災して汚れた資料，壊れた資料を修復する支援活動や図書館の仮設建物を調達するといった支援活動は前者の例，図書館を活用して，読み聞かせや子ども向けのイベントを提供する支援活動は後者の例と言えます。

このような支援は直接的な支援活動ですが，東日本大震災では，もう一つ間接的な支援活動も行われています。これは，主に，支援活動に対する支援，あるいは，受援行動に対する支援と言い換えることができます。例えば，「どこでどのような施設がどんなふうに被災したか」という情報を集約して発信することで，支援者が支援対象となる図書館の状況を事前に把握することが可能になります。また，「どこでどのような課題が生じているか」といういわば御用聞きによる情報をもとにプロボノ（専門的な技能をもつボランティア）を仲介するということが可能になります。東日本大震災の直後に生まれた図書館等に対する支援ネットワークである「saveMLAK[11]」は当初からこのような活動を意識的に実施していました[12]。日本図書館協会では，「被災者を支援する図書館活動についての協力依頼－被災地域への公衆送信権の時限的制限について」のような取り組みもみられました。図書館の復旧・復興過程において，このような間接的な支援活動は，とても有効に働くことが明らかになりました。

震災からの復旧・復興過程において震災に関するさまざまな資料を収集し，残し，伝えていくという動きがみられます。被災地域の図書館ではこのような資料を早くから収集し，コレクションが構築されていきました。宮城県図書館の「東日本大震災文庫[13]」，仙台市民図書館の「3.11 震災文庫[14]」，東北大学附属図書館の「震災ライブラリー」などは名称が冠されたコレクションですが，特別の名称は付されていなくとも，相当の資料がコレクションされている図書館もあります[15]。また積極的に記録そのものを採取し生成するという事業に取り組んだ図書館もあり，このような活動を図書館が担えるということが明らかになりました[16]。

災害に関する資料を収集，整理，保存，提供という業務は，図書館がもつもっとも基本的な業務のひとつと言えます。災害関連資料として，収集対象となる資料は，さまざまな形態で存在しています。多くは図書や雑誌，報告書や新聞などですが，このほか，写真，手記，文集，局地的に発行されたニュースレターもあります。これらの震災関連資料をデジタル化し，Web上で利用できるデジタルアーカイブも次々に構築されてきました。デジタルアーカイブに焦点をあてると，資料の収集を図書館ではなく別の部署（多くは復興担当部署）が行う例も見られます。中には後に図書館等に資料を移管し，アーカイブを構築する例もありました[17]。国立国会図書館は，震災の記録等のポータルとして「国立国会図書館東日本大震災アーカイブ[18]」（ひなぎく）を構築し，各デジタルアーカイブのメタデータを統合的に検索する仕組みを提供しました。宮城県図書館が中心となった「東日本大震災アーカイブ宮城[19]」は県内の自治体と連携したプラットフォーム型のデジタルアーカイブとして構築されており，資料の利活用を見据えた権利処理が行われるなど，規模や構築主体それぞれに特徴的な取り組みがあります。図書館が主体となる取り組みは，東日本大震災を後世に伝えるという本来的な役割を果たすものとして，とても重要なものと言えます。

私は，図書館が自立した生活のために役立つということ，そのための支援サービスがあること，そして，図書館はいつも開かれていることを伝え続けなければならないように思っています。図書館の復旧を望む声には，その図書館が以前から暮らしに根付いていたかどうかで相対的に差があったように感じられました。社会的に図書館の役割が共有されていない，ということのあらわれと思います。図書館は「これから」再開すると同時に「これまで」の延長上にあります。被災した図書館が再開した後，住民の暮らしの中にいっそう根付くよう願っています。

注：1） 特集「東日本大震災から１年を経て」『情報管理』54巻12号 2012.3 p.787-835

2） 荒木秀浩「『おおぞら号』の３・11」本書 p.114-115

3） 阿部洋子「大震災と学校司書の想いと」本書 p.130-132，佐藤まどか「宮城県高校図書館の被害と学校司書たち」本書 p.128-129

4） 山田千恵美「震災後再開までの若林図書館の２か月半」本書 p.71-72，柴崎悦子「『なとと』のはじまり物語」本書 p.80-82

5） 及川庄弥「東日本大震災からの南三陸町図書館再建の歩み」本書 p.117-119，山内広「恐ろしい『東日本大震災』と図書館再開館」本書 p.121-124

6） 柴田奈津子「全国からの暖かい支援にささえられて」本書 p.78-79，阿部葵「東日本大震災発生当時を振り返って」本書 p.98-99，清野理絵子「３月11日を経験して」本書 p.96-97

7） 尾形陽子「東日本大震災－多賀城市立図書館の場合」本書 p.86-91，小松美恵子「求めているのは…－分室開室・避難所の配本にあたり」本書 p.73-74

8） 今野金俊「避難所となった図書館」本書 p.108-110，元木幸市「移動図書館は何を届けたか」本書 p.125-127

9） 星博之「レファレンス記録から振り返る東日本大震災」本書 p.69-70

10） 例えば以下。

国立教育政策研究所監修『震災からの教育復興』悠光堂 2012.10 p.215-216，高梨富佐「宮城県沿岸部の図書館の今 - 震災前の活動状況と図書館の復旧」『図書館評論』54号 p.18-25 2013，西村彩枝子「東日本大震災で被害を受けた公共図書館等への支援の動向」『カレントアウェアネス』No.327 p.14-17 2016.3「今回の震災で被災地の県立図書館が果たした役割は大きい。被災した図書館の情報をとりまとめて発信したほか，市町村立図書館からの支援要請をとりまとめ，支援団体に引き継ぐなどの役割を果たした。県立図書館のあり方を再考する機会ともなった。」

一方で，具体的な地域は明らかではないが「図書館の実情を具体的に調べようと思っても，インターネット上にある各図書館のホームページからは，現在閉館中であるというメッセージ以外は，その背後にある具体的な情報が何も得られなかったこと。（中略）当該地域の実質的な図書館ネットワークが未整備の状態では，県立図書館や大学図書館に照会しても，自館の対処で精一杯で，地域内の他館についての具体的な被災情報は，ほとんど得られなかった」（雨森弘行「図書館の「仲よし」の深化に向けて」『図書館雑誌』2012.7）との報告もある。同じテクストであっても，そこから読み解かれる情報は読み手により異なることは当然である。図書館はさまざまな立場を想定し，情報発信する取り組みも求められていると言える。

11） saveMLAK 博物館・美術館，図書館，文書館，公民館の被災・救援情報．http://savemlak.jp/ (最終閲覧日 2019-11-30)

12） 岡本真「図書館支援の反省と課題，そして提案：saveMLAK, iSPP 等の経験から」『図書館界』64 巻 2 号　p.93-97　2012.7

13） 田中亮「宮城県図書館『東日本大震災文庫』創設にかかわって」本書 p.66-67

14） 村上佳子「仙台市民図書館『3.11 震災文庫』の取り組み」本書 p.75-77

15） 糸野あづみ「移転休館中の被災から新館開館まで」本書 p.92-94

16） 菅原優子「東日本大震災と『ICT 地域の絆保存プロジェクト』」本書 p.111-113

17） 西山真喜子「震災記録室から名取市図書館震災コーナーへ」本書 p.83-85

18） 国立国会図書館東日本大震災アーカイブ（ひなぎく）https://kn.ndl.go.jp/（最終閲覧日 2019-11-30）

19） 東日本大震災アーカイブ宮城 ～未来へ伝える記憶と記録～ https://kioku.library.pref.miyagi.jp/（最終閲覧日 2019-11-30）

（くまがい　しんいちろう　2019.12.2 受理）

宮城県図書館「東日本大震災文庫」創設にかかわって

宮城県登米高等学校　主査　学校司書(前・宮城県図書館) **田中　亮**

宮城県図書館（以下，県図書館）が，利用者に「東日本大震災文庫」を公開したのは，2012年7月である。それに先立つ4月に「震災文庫整備」チームが，県図書館資料奉仕部内に設置された。

東日本大震災直後から，県図書館では震災に関する資料の収集を行った。資料奉仕部は，資料の種類ごとに組織化されているため，各担当が資料ごとに収集し，郷土資料担当に集められた。同時に各担当から数人を出して，収集・整理に関するワーキング・グループを設置し，何度か協議・検討されたが，各担当の意見が集約できず，未決事項だけが増えていく状況であった。このため，管理職による協議の結果，震災に関する資料の収集・整理を主務とする組織を新たに資料奉仕部内に設置し，館内から人員を充当することが決められた。資料奉仕部次長がその組織の責任者を兼任し，当時逐次刊行物担当だった私と，郷土資料担当だったもう一人の職員が専任となった。これが設置された「震災文庫整備チーム」である。

最初の仕事は，執務する場所の確保と，机や椅子，端末等の機器・什器類を，館内から探して設置することだった。使用されていなかった電話番号を探してもらい，メールアドレスを付与してもらい，すべてが整ったのは4月中旬であった。

同時に上司からは，これまで収集した資料（特に図書や雑誌）を7月までには公開することを命じられたので，具体的な整理方法や装備をチーム内で検討しながら，作業を行った。並行して書店への発注，宮城県内の事業所や学校等に，震災に関する資料の提供を呼びかける文書を作成・配布した。

収集する資料範囲は，前年度のワーキング・グループでの協議で，震災に関する図書や雑誌，視聴覚資料だけではなく，「一枚物」も範囲とした。しかし「一枚物」が，どのような内容で，どこで，どのように掲示・配布されているか，呼びかけてもそのような資料が本当に集められるか，正直不安でありわからなかった。

県内外から資料が送られ始めると，特に「一枚物」は無償での配布が済めば再作成されることは少なく，掲示物は役割を終えると廃棄されることがわかってきた。このため文書で呼びかけても，網羅的に収集することは難しく，また時間との問題と判断し，直接県内を公用車で巡回して収集し，また呼びかけを行いたいと上司に相談して快諾してもらった。

各市町村役場や避難所になった公民館，仮設商店街等を訪ね，とにかく入手できるものを集めて回った。図書や雑誌はもちろん，チラシ1枚でも漏らすまいと血眼になった。ある仮設商店街で，「ここには，本や文房具を売る店がないから」と，鮮魚店で頒布されていた初見の冊子を手にした時は，手が震えた。仮設住宅やその周辺にだけ配布されている新聞を見つけ，発行者に連絡すると定期的に郵送してくれるところもあった。チラシから情報を得て支援団体等に問い合わせたら「次に来る時まで取っておく」と言ってもらい，出向くと段ボール箱にぎっしりと詰めて待っていてくれた。「巡回してよかった」とつくづく思う反面，すでに資料を廃棄したと告げられることも多かった。

集めた図書や雑誌は，さっそく整理を行い利用に供するようにした。一枚物は，発行もしくは配布された地域ごとにファイルに入れ，簡単ではあるが整理して書架に並べた。特に一枚物の整理は，どのようにすべきかチーム内で議論した。同じように収集していた岩手と福島の県立図書館に出向き，各館の担当者から整理方法について意見を聞き，情報交換等を行った。各館により資料への考え方が異なり，整理方法も自ずと違ってくるので，大変有意義なものであった。

結果的に震災文庫整備チームには4年間在任したが，このような資料収集は最初の1年目のみで，あとの3年間は震災デジタルアーカイブ構築に業務を傾注せざるを得なかった。震災デジタルアーカイブの公開後，資料整理に少し時間を割くことはできたが，収集のための県内巡回はできなかった。

いま，あの4年間を思うと，とにかく震災の記録を残さなければいけないと無我夢中だった。せっかくつかみかけたチラシを，取り損なった夢を何度も見た。達成感や満足よりも，後悔や反省することが多かった。

人事異動で県図書館から離れることになり，後任者に業務を引き継いだ時，少し体の力が抜けた気がした。

（たなか　まこと　2018.7.31 受理）

◆移動図書館車による支援

震災直後に，近隣の自治体が移動図書館車による支援を行った事例が見られました。岩手県の滝沢村（現：滝沢市）が震災から約1か月後の2011年4月から山田町に，5月から大槌町に移動図書館車「かっこう号」を運行させ，避難所6か所を訪問，出張貸出を行いました。8月には運行を終了しましたが，その後を引き継いで，12月まで北上市立中央図書館が山田町，花巻市立花巻図書館が大槌町で移動図書館車の運行を行いました。野田村には，久慈市立図書館が2011年7月から2012年3月まで，洋野町立種市図書館が2011年7月から11月まで移動図書館車を運行させました。

公益社団法人シャンティ国際ボランティア会は「走れ東北！移動図書館プロジェクト」を2011年7月から開始，岩手・宮城・福島の各県で支援活動を継続しました。プロジェクト終了後の移動図書館車は，山田町立図書館（岩手県），南相馬市立図書館（福島県）に寄贈されました。

凸版印刷株式会社の「ブックワゴン」（2012年12月まで運行），日本国際児童図書評議会（JBBY）などによる「子どもたちへ＜あしたの本＞プロジェクト」の「図書館バス」（2015年12月まで運行）などが被災地で活動を行いました。 （に）

レファレンス記録から振り返る東日本大震災

仙台市民図書館 **星　博之**

震災当時，私は市民図書館で郷土資料とレファレンスを担当していた。震災から数か月経過し，インフラ等が一定レベルで回復する頃，人々も徐々に日常を取り戻し始め，図書館の利用も少しずつではあるが増えてきた。

それに伴い，震災に関連すると思われるさまざまなレファレンスも受けるようになった。今回限られた紙面ではあるが，資料要求（希望）が高かったものを当時の記録から振り返りたい。

中でも多かったと感じたものは，地盤や活断層などの自分の地域や土地の状況についての問い合わせである。特に地盤については，それまでは一般的に閲覧できる地盤図という資料はほとんどなかったのだが，地元企業から仙台市周辺の造成宅地地盤図（切土・盛土分布図）の寄贈を受け閲覧を開始したところ，「自宅の地盤を調べたい」「土地購入の参考にしたい」といった住民からの問い合わせや閲覧希望が多数寄せられた。

このほかに土地関係でいえば，被害を受けた地域の過去の地図や写真を見たいという要望も徐々に増えてきていた。これは，被害を受け，土地の様相が変わってしまったがゆえに，逆にその土地の歴史に興味が高まったからではないだろうか。

過去の地震や津波を中心とした災害に関しては，1978年に発生した宮城県沖地震や，貞観（じょうがん）地震（869年）などの古い時代を含む「災害の歴史」全般に及ぶ，広範囲の資料の希望，震災について英語で記載されている書籍の問い合わせも多数あった（外国人もいたが日本人の希望者が多かった）。

仙台市役所からの震災対応・復興等に関するレファレンスもあり，当時担当だった職員が環境も不十分な中，他機関の方々の力を借りて相互貸借等を行い対応していた。

これらのレファレンスの一部は，国立国会図書館の「レファレンス協同データベース」にも登録している。

震災から7年が経ち，風化という言葉も聞かれるようになったが，図書館は震災を後世に伝える役割を担っているという意識を今後も持ち続けていきたい。

（ほし　ひろゆき　2018.7.27 受理）

◆著作物の公衆送信権の時限的制限

公衆送信権とは，①放送権，②有線放送権，③自動公衆送信権（著作権法第2条第一項七の二）からなり，著作権者が専有している権利だ。図書館では特に③によるFAXやインターネット，メールによる著作物の送信ができないことから，サービスとのせめぎあいがある。

2011年3月25日，日本図書館協会は「被災者を支援する図書館活動についての協力依頼－被災地域への公衆送信権の時限的制限について」を，28の著作権権利者団体に出した。被災地の住民，支援者への情報提供，励ましや癒しを目的とし，内容は，①被災地へのFAX，メールによる文献複写サービス，②被災地での読み聞かせ，お話し会のための資料の複製，拡大写本の作成や，お話し会などの中継，録音録画したものの配信，絵本の版面の公衆送信の2点だった。一方，著作権に配慮し，許諾の期間，地域は，「このたびの大震災による被災のため」と限定し，「被災地の復興がある程度なされた段階で複製物等は廃棄する」と明言した。

これを受けて日本書籍出版協会が会員に協力を求めるなど，一部を除き，多くの出版社，団体から許諾，賛同が寄せられた。しかし，通信手段の不通や平時の利用経験がないなどの理由からか，実際の活用は少なかったようだ。著作権問題に一石を投じた取り組みであり，関係団体と広く議論し，次に備えたい。（み）

※協力依頼文は日図協HPより（最終閲覧日 2019-12-17）

参考：松岡要．日本図書館協会－著作物の公衆送信権の時限的制限．図書館年鑑 2012

震災後再開までの若林図書館の２か月半

仙台市民図書館　奉仕整理係長（元・仙台市若林図書館　主査）**山田千恵美**

震災当時勤務していた仙台市若林図書館は，若林区中央市民センターとともに若林区文化センター内に入居する複合施設である。

文化センターは指定避難所ではないが，700人収容の多目的ホールや和室等があり，近隣住民が一時100人近く避難してきたため，施設を開放した。開放理由は，指定避難所の学校が満員だったり，要介護の高齢者を抱えて，避難所の混雑を避けて来た方がいたりしたからだとされている。その後，避難者は徐々に減っていったが，区役所から避難所統合により避難者の移動指示が出された3月25日まで続いた。

文化センターは市の財団が運営を委託されているが，12人程度のスタッフでは対応が困難なため，市の図書館員20人も避難所対応の応援を行った。宿泊勤務した男性職員もいた。

幸い水は止まらず，トイレも使用可能だったが，電気と暖房に使うガスが止まり，懐中電灯とロウソクが頼りだった。

数日後，本庁から各課に近隣の指定避難所への人員派遣要請が出て，図書館員は担当する市民センターに交代で派遣されたため，文化センターの応援からは外れた。

図書館の復旧については，避難所対応と並行して，散乱した資料の片づけを始めた。近所のアルバイトの手伝いもあり，開架の約10万冊を2日で書架に戻すことができた。

文化センターの安全が確認できず，一般の方は立入禁止の状況下で，4月6日から，正面玄関前で，雨天荒天時は中止となる「青空文庫」という臨時窓口を開設した。ブックトラックに準備した本と雑誌約1,000冊からハンディターミナル（携帯端末）で貸出を行ったが，返却を待っていた方もおり，初日は400人，その後も200人前後の利用があり，5月25日まで続いた。

その後，被災建築物応急危険度判定で，図書館部分は立入可の判定が出たものの，文化センター部分は引き続き立入禁止となり，正面玄関は使用不可となっていた。そのため，図書館西側に 2 か所ある非常口から出入りする形で，5 月 27 日に図書館を再開した。非常口の一方には車椅子の方も出入りできるようスロープを設置した。2 階の視聴覚資料コーナーは貸出のみ可とし，余震の恐れがあるので館内視聴は当面中止とした。閉館時間を早め，トイレや駐車場は使用不可での再開であった。それでも，館内に入ってたくさんの本に触れられた利用者からは喜びの声が聞かれた。

被災して住所確認書類がない方，ボランティアや復旧工事で一時滞在する方にも特例的に利用者カードを発行した。

文化センター全体が再開し，図書館も通常開館したのは 7 月 20 日だった。

しばらく督促は行わず，震災による資料紛失・汚損については専用の届け用紙を準備し，弁償免除とした。来館できない方からは電話でうかがい，職員が代筆した。

後日，それらは館内での被災資料 98 点と合わせ，災害復旧国庫補助金の対象となった（計 724 点，1,131,836 円）。

督促が始まってから督促はがき戻りで住民票調査を行ったところ，絵本などを借りていた母親と 2 歳の子どもが同じその日に亡くなっていたことがわかり，涙を抑えられなかった。

（やまだ　ちえみ　2018.7.31 受理）

求めている のは… ―― 分室開室・避難所の配本にあたり

仙台市民図書館（元・仙台市太白図書館） **小松美恵子**

当時，私は太白図書館に勤務していて，震災のあの日は担当者会議があり，地下鉄で移動中でした。まずは職場へと仙台駅前から徒歩で向かいましたが，周辺の変わり果てた様子に唖然としたことは今でもはっきりと思い出されます。

1 分室臨時開室（3月17日～21日）

図書館の分室を開設していた地域の市民センターが避難所となったため，太白図書館から週2回職員が出向き，分室を臨時開室することになりました。利用する方はいるのかなという不安はありました。

今は小説とかは無理だけど雑誌なら，という方には本館から持って行ったり，少しだけ静かな所で休ませて，と料理本を手に取って過ごしていく方もいたりしました。

特に記憶に残っているのは，小学1年生の女の子。毎日来てくれ，本の感想や友達のこと，いろんなことを話してくれました。分室が閉鎖になる日，「今までありがとう」と言われ，とても嬉しい気持ちになりました。

5日間，あまり多くの利用はありませんでしたが，心休まる場所になったかなと思います。

2 避難所への配本（4月1日～約2か月間）

甚大な被害を受けた沿岸部（中学校の体育館，農協の会議室，市民センターなど）5か所の避難所に配本することになり，除籍した本や雑誌を箱詰めし配本しました。最初の1か月は週1回，後は2週に1回の割合で入れ替えました。市民センターや農協では，ボランティアの方が本をきれいに並べてくれてとても助かりました。体育館では，「せっかく来てくれてるのにごめんね」と声をかけてくれる方もいました。

読みたいけど読む余裕がないのが現状――。

振り返れば避難所にいる皆さんに余裕ができてから配本したほうがよかったのでは，とも感じました。

（こまつ　みえこ　2018.7.27 受理）

◆レファレンス協力

東日本大震災被災地（青森，岩手，宮城，福島，茨城，千葉県など）の図書館や個人，団体に対して全国各地の図書館から，レファレンス，資料提供の表明があり，レファレンスサービスや期間限定の遠隔複写サービスが行われました。複写サービスは，日本図書館協会が権利者団体に対して協力要請を行った「公衆送信権の時限的制限」により行うことが可能になったものです。

大阪府立図書館や東京都立図書館，山梨県立図書館などのほか，中越沖地震を経験した新潟県立図書館の「復旧復興関連文献の送信提供サービス」など，多くの取り組みがありました。また，国立国会図書館は，被災地で震災復興に携わる国・地方公共団体の諸機関，医療機関，教育機関，企業，ボランティア団体などを対象に，資料提供やレファレンスサービスをメールや FAX で受け付けました。

震災で約 180 万冊が書架から落下した国会図書館東京本館に代わり，関西以西の府県立図書館 12 館は，全国からの複写申込みを受付，国会図書館を支援しました。

東京大学附属図書館は東日本大震災により被害を受けた大学に所属する研究者・医療従事者への電子ジャーナル等の提供を行いました。

これらの他にも，多くの機関で電子書籍・医中誌 Web などのデータベースへのアクセス提供などが行われました。

図書館関係の有志によって，東日本大震災で被害を受けた図書館に代わり被災者からのレファレンスに答える「だれでも・どこでもＱ＆Ａ図書館」（略称・だれどこ）が設立され，メールによる質問受付，回答を行いました。

（に）

仙台市民図書館「3.11 震災文庫」の取り組み

仙台市宮城野区文化センター　館長（元・仙台市太白図書館　館長）**村上佳子**

震災から4年後の2015年4月，私は仙台市図書館の中央館にあたる市民図書館の館長に赴任した。市職員になって初めての職場が移転前の市民図書館で，仙台市に勤務した37年間の半分近くは図書館員だった。震災時は地区館の太白図書館に勤務していたが，その翌年には甚大な被害を受けた市内東部に位置する若林区の市民センターに異動となり，3年間，社会教育と地域づくりの立場から復興にかかわる事業に取り組んだ。

市民図書館では所管する7館の施設の修繕等は終了し，赴任後は，通常の業務の中で3館の指定管理者選定やシステム更新等の懸案に取り組む慌ただしい毎日となった。津波の被害が直接なかったこともあり，館内は日常の賑わいと落ち着きをみせていた。そのような中で，震災直後から収集を始め，常設コーナーを設置していた「3.11 震災文庫」の活用は，図書館としての使命と可能性を感じた。

仙台市では震災前から地下鉄東西線の工事が進められていた。東の始発駅は被災した沿岸部に近い若林区の荒井駅で，震災後の設計変更により震災のメモリアル施設が入ることになっていた。震災を学ぶための場であるとともに津波被害を受けた東部沿岸地域への玄関口ともなる施設で，展示室や市民交流スペース等を有し，イベントも企画されていた。地下鉄開業は2015年12月6日，私が市民図書館に赴任した年である。

年度当初，施設の建設は進められていたが，運営形態や内部の詳細はまだ流動的だったので，この施設で図書館の資料を活用することを考えた。担当は教育委員会ではなく，まちづくり政策局の防災環境都市推進室だったが，若林区の市民センターで沿岸部の事業に携わったことから担当職員とのつながりもあり，地域や事業の状況をふまえて話を進めることができた。推進室でも震災関連資料を集めていたので，その資料も市民図書館の「3.11 震災文庫」の蔵書とし，図書館で所蔵していなかったものは追加で受け入れて，複本をメモリアル施設に展示することになった。双方の職員の協力により，追加や入れ替えもできる体制をつくることができた。2015 年 12 月，地下鉄開業と同時にオープンした「せんだい 3.11 メモリアル交流館」には市民図書館の「3.11 震災文庫」の出張展示コーナーが常設され，訪れる方々に震災を伝える資料としてご覧いただいている。

せんだい 3.11 メモリアル交流館の震災文庫コーナー

「3.11 震災文庫」の活用は図書館協議会でも話題になった。震災後多くの資料がさまざまな形で出版されてきたが，次第に入手できないものも増え，図書館の資料は貴重なものとの認識も示された。図書館ホームページ等での紹介を検討する中で，全戸配布の市政だよりへの掲載に向けた調整を始めた。実現に向けては，当時の奥山恵美子市長からもアドバイスをもらい，庁内の女性管理職のネットワークで広報課長と話を詰めていった。

最初は図書館協議会委員でもある東北大学出版会の編集者に，続いてフリーライターやアートディレクターなどさまざまな形で震災と向き合ってきた方々に執筆をお願いし，2017 年 10 月号から「3.11 震災文庫を読む」の連載がスタートする運びとなった。毎月 2 冊の資料を紹介する A4 判半ページの囲み記事は，多角的な視点から震災関連の資料を紹介する充実した内容となり，長期の連載が予定されている。

市政だよりの連載記事
「3.11 震災文庫を読む」

現職最後の職場となった市民図書館での取り組みを紹介させていただいたが，いずれも図書館がもつ資料の力と，図書館の外の方々との協力により進めることができたと実感している。これからも災害のみならずさまざまな事態が起こりうる社会の中で，図書館の可能性を信じ，広い視野で資料と向き合っていく図書館員の活躍に期待したい。

（むらかみ　よしこ　2018.7.24 受理）

全国からの暖かい支援にささえられて

塩竈市民図書館　**柴田奈津子**

震災発生時，私は児童書カウンター内で同僚１人と春の企画事業打ち合わせをしていた。突然，「ゴーッ！」という音と同時に，室内照明がすべて消え，立っていることができない激しい揺れに襲われた。そして，すべての書架から資料が瞬く間に崩れ落ちていった。厚手の資料や DVD 等がバンバン飛びながら落下し，資料補修用ハサミも机の上から飛んできた。いったん揺れが収まり，「大丈夫？」と声をかけ合った直後，再び激しい揺れに襲われた。私たちは四つん這いになりながら，利用者に「書架から離れて机の下へ!!」と叫ぶことが精一杯だった。直後，館内のコインロッカーが倒れかけ，男性職員２人が全身でロッカーを支えた。激震と同時に室内照明は消え，崩れ落ちる資料の音，子どもたちの叫び声や泣き声。まるで，アトラクションの体験施設にいるような，現実離れした光景だったことを鮮明に覚えている。揺れが収まり，利用者をフロアの中央に集め，資料の下に人が埋まっていないか，怪我人はいないかを確認した。泣き出す女子中学生，震えている男の子，幼児を抱きしめている母親……。市民図書館は６階建て複合施設の３・４階にある。地震が収まり数分ほど経過すると，利用者の多くが階段を使って外へ出始めた。「大津波がくるぞ！　上へ避難！」と突然，男性の連呼する声が館内に響き渡った。その声と同時に，今度は多くの市民が続々館内に駆け込んできたのだ。

災害時，全職員が職場にいるとは限らない。限られた職員だけで，人命救助を含め速やかな災害時対応をとらなければならなかった。今回原稿を作成するにあたり，震災時図書館の係長だった，藤田治美（一般書担当）と岩舘恵子（児童書担当）そして，発災直後の館内対応を私とともにした遠藤陽子（一般書担当）の４人で，当時を振り返ってみた。

大津波発生時，図書館にも津波が押し寄せた。それでも，高層という理由で多くの市民が逃げ込んできた。幾度も来る余震の中，係長として，多くの命を守ることを優先に陣頭指揮をとった藤田は，かなりの重責を担っていたと思う。改めて聞くと，「職員みんなが自主的に行動してくれた。それが何よりも勝る力になった」とのことだった。岩舘係長は，長期間の開設になった避難所へ，「本どころではない」など，さまざまな考えのある中，日常を取り戻していくことの大切さを伝え，本の提供を行った。発災直後から，避難所担当となった遠藤主査は，図書館再開に向け，避難所と図書館を何度も行き来し，被災状況等の情報提供に尽力した。退職を迎えるはずだった職員も残りながら，まちの復旧作業が進められ，図書館も 4 月 21 日に一部制限で開館することができた。

3 月 13 日に「おはなしおばさん藤田浩子さんの講座」を予定していたが，地震のため中止となった。連絡もできずにいたところ，藤田さんから電話があり，改めて講座開催の申し出をいただいた。また，アメリカ各地で講演を行い，義援金を集めて，寄せ書きの応援メッセージカードや，藤田さんの著作物など心のこもったあたたかい寄付を贈っていただいた。講座を企画した岩舘係長は，今でも感謝の念でいっぱいだと言う。図書館や街の復旧・復興のため，本当に多くの人々がご支援くださった。震災後数年を経ながらもなお，復興支援として図書館のためならと，尽力くださる作家の方々がいらっしゃることに，図書館の魅力を，改めて実感することにもなった。

図書館を含めた周辺地区では，震災復興の工事が進められている。震災時の乳幼児たちも，学校へ通う年齢となった。絵本作家のみなさんがメッセージ付きで贈ってくださった絵本を読み，心が癒された子どもたち。そして大人たちもまた，元気をいただき未来に向かって進む力を得たと実感している。

（しばた　なつこ　2018.11.26 受理）

「なとと」のはじまり物語

名取市図書館　館長 **柴崎悦子**

2011年5月10日，地震被害で建物を失った私たちは，屋外にある移動図書館車の車庫で臨時開館を始めました。

しかし，震災前に14人いた職員は，他部署への異動などでたった4人に。しかも，避難所勤務も続いていたので，開館時間は，日中の10時から14時まで。貸出できる本も，書庫代わりの移動図書館車と屋外にあった小さな書庫のものだけで1万5千冊程度しかありません。臨時開館を始めたものの，貸出サービスはきわめて限定的でした。

貸出をしていた場所は，車庫といっても屋根だけがかかっているようなところ。毎朝の貸出準備は，長机とパソコンを運んでくるところから始まります。その後，雑誌が入った箱や返却された本を入れる箱を並べ，長机を何となくカウンターらしい雰囲気にしたら準備完了です。

臨時開館をした車庫内での貸出風景

私たちのこんな姿を見ていた利用者が，ある日，「手伝いますよ」と声をかけてくれました。一緒に開館準備をしているうちに，今度は，返却された本を棚に戻す仕事をしてくれるようになりました。そうなると，それを見ていた方が「私も手伝います」と言って手伝ってくれるようになり，いつのまにか自然にボランティアをする方が集まってきました。

そのうちに，震災前からおはなし会をしていたグループが，車庫の中でおはなし会を始めてくれました。近所の保育所の子どもたちが，散歩の途中に立ち寄って絵本を読んだり，おはなし会に参加してくれることも。不思議なことに，子どもたちの笑顔を見たり，元気な声が聞くと，大人たちはますますやる気が出て，車庫の中を飾り付けたり，書庫に行くまでの通路に鉢植えの花を並べたり，ということもしてくれるようになりました。

2011 年の夏前，自然発生的に集まったボランティアが 20 人以上になったので，それまでばらばらだったボランティアを一つにまとめるための登録制度を作りました。さらに，手伝ってもらいたい仕事を明示して，内容によってグループを作り，それぞれに活動できる体制を作りました。この体制は今も続いています。

日本ユニセフ協会とカナダからの支援で建てた「どんぐり図書室」

名取市図書館は，図書館振興財団や日本ユニセフ協会，カナダから建物の寄贈を受け，2018 年 10 月まで，その建物を使って運営してきました。私たちが，仮設の建物の支援を受けるために頑張ることができたのは，前述したように，震災直後に，図書館を援けようと，自発的に集まってくれた市民がいたからです。ボランティアの力は，職員の肉体的な負担を軽くしてくれただけではなく，精神的にも大きな支えになっていたと思っています。

2018 年 12 月，名取市図書館は念願の新館が完成し，名取駅前に移転開館しました。それに先立つ5月27日，「名取市図書館友の会・なとと」が発足しました。図書館を対等な立場で支え，図書館をみんなで楽しもうという目的の「友の会・なとと」の原点は，震災直後のボランティアです。あの頃の姿を忘れることなく，これからも市民と共に歩む図書館でありたいと思っています。

（しばさき　えつこ　2019.8.30 受理）

◆国の法令等による災害記録を残す意義

内閣官房の東日本大震災復興構想会議で，2011 年 5 月「復興構想 7 原則」が示され, 原則 1 で「記録を永遠に残し, (中略) 教訓を次世代に伝承し, 国内外に発信する」としました。また，災害対策基本法では，防災意識の向上を図るため，住民の責務として，災害教訓を伝承することを明記し，国・地方公共団体，民間事業者も含めた各防災機関において防災教育を行うことを努力義務とする改正がされました（2012 年 6 月）。さらに内閣府中央防災会議の『防災基本計画』の「災害教訓の伝承」（第 2 編第 1 章第 3 節第 4 項）で, 住民は自ら災害教訓の伝承に努め, 国及び地方公共団体は, 災害教訓の伝承の重要性について啓発を行うほか，大規模災害に関する調査分析結果や映像を含めた各種資料の収集・保存・公開等により，住民が災害教訓を伝承する取り組みを支援するものとする, としています。　(よ)

参考：東日本大震災復興構想会議．復興への提言～悲惨のなかの希望～ 2011.6.25. ／内閣府．東日本大震災の教訓と課題の総括（中央防災会議第 12 回防災対策推進検討会議資料）. 資料 1. 2012, p.3 ／中央防災会議．防災基本計画. 2019.5, p.18.

震災記録室から名取市図書館震災コーナーへ

名取市図書館 **西山真喜子**

1 震災記録室の発足

東日本大震災当時，私は名取市図書館に勤務していたが，震災対応のため図書館と総務部政策企画課の兼務となった。兼務とはいっても，罹災証明の業務がほとんどで図書館の業務にはほとんどかかわれない状態だった。10月に入り，やっと兼任が解除された矢先，11月に震災対応を目的とした機構改革が行われ，私は司書として新たに総務部に設置された震災記録室へ異動となった。

震災記録室の主なメンバーは室長，そして図書館と学校図書館からそれぞれ異動となった司書3人の合わせて計4人でスタートした。このほかに防災安全課の2人が兼務となってはいたが，事実上，業務はこの4人で行っていた。

震災記録室の主な目的は，以下の3つである。

(1) 震災の記録を後世に残すためさまざまな関連資料を収集整理し，記録集を作成すること。
(2) それらの資料を整理分析し防災計画への見直しに反映させること。
(3) 震災のメモリアルパーク等，震災の記憶・記録を後世に引き継いでいく空間の整備検討。

特に司書に求められたことは，(1)の資料の収集整理，記録集の作成だった。

まずはじめに，さまざまな機関や団体から情報，資料の収集を行い，問い合わせが多い名取市の震災の概要についてまとめることから始めることとなった。この成果は「名取市における東日本大震災の記録」として名取市のホームページで公開している。

その後，私は翌年の4月から産休に入ってしまい，復帰後は図書館へ異動となったため，震災記録室での勤務は実質半年だけだった。私の異動後も震災記録室では，震災に関する記録の収集・整理を行い，「震災記録誌」「震災写真誌」「震災体験集」「震災の概要」と４冊の冊子と，「防災教育用」「震災映像」「語り部活動」の３本のDVDを作成している。これらの資料はすべて図書館で貸出，閲覧ができる。また，冊子類は広く市民に配布している。

震災記録室が制作した資料

2 震災資料の継承

震災記録室は『名取市における東日本大震災の概要』の冊子制作を終え，2015年3月で閉鎖された。残っていた司書２人もそれぞれ，学校図書館勤務に戻っていった。そして，震災記録室が集めた膨大な資料は名取市図書館に引き継がれることとなった。

名取市図書館も震災直後から，独自に震災資料の収集を行い「震災コーナー」をつくっていた。そこに新たに震災記録室の資料も加わることとなった。

引き継ぎ後，特に問い合わせが多い震災の写真資料を「名取市　震災アーカイブ」として図書館のホームページで公開している。名取市のホームページで公開している写真の使用許可は別途問い合わせが必要だったが，こちらでは使用できる写真はホームページ上で許可申請ができるようにした。

3 記憶・記録を風化させないために

2018年12月に新館がオープンし，あらゆる名取市の情報を集めた「情報発信コーナー　名取のたからばこ」を設置し，その中に「震災コーナー」も設けて，広く発信している。

（にしやま　まきこ　2018.7.30 受理）

◆震災文庫

災害や事故，事件などが発生した時，図書館では，関連する資料を収集，整理，保存，提供をします。これは図書館の持つ基本的な機能の一つです。

東日本大震災後にも，多くの図書館で震災・原発関連の資料が収集され，特設コーナーが設けられました。例えば，震災関連資料コーナー（岩手県立図書館），自然災害関連資料コーナー（岩手大学図書館），東日本大震災文庫（宮城県図書館），3.11震災文庫（仙台市民図書館），震災ライブラリー（東北大学附属図書館），東日本大震災福島県復興ライブラリー（福島県立図書館），震災関連資料コーナー（福島大学附属図書館）などが挙げられますが，この他，多くの図書館では，特に名称を冠していなくとも地域資料コーナーなどに震災や原発関連の資料を別置しています。

また，東北大学附属図書館など８機関の呼びかけにより「震災記録を図書館に」として“図書館共同キャンペーン”が行われました（日本図書館協会も賛同団体）。

国立国会図書館では，東日本大震災に関するデジタルデータを一元的に検索・活用できるポータルサイト「国立国会図書館東日本大震災アーカイブ（愛称：ひなぎく）」を公開しています。

（に）

東日本大震災 —— 多賀城市立図書館の場合

子ども読書コミュニティプロジェクトみやぎ　事務局長
（元・多賀城市立図書館　主幹）**尾形陽子**

1 1978年6月

1978年6月1日，多賀城市立図書館は，宮城県内11市（当時）最後の市立図書館として開館しました。それからわずか11日後の6月12日17時14分，宮城県沖地震が発生し，立ってはいられないほどの揺れを体験しました。その時は，閉館後で利用者がいなかったこと，開館間もなく蔵書が少なかったこと等が幸いし，被害は最小限にとどまりました。

2 2011年3月11日～3月31日

33年後の2011年3月11日14時46分，その時と同じ1階カウンターで異常に長い揺れを感じながら，宮城県沖で99％の確率で起こると言われた地震がとうとう来たことを確信しました。書架から次々に本が落下し始めました。利用者に被害が及ばないよう，まず1階の自動ドアの電源を落とし，手動でオープンにして避難経路を確保した後，1階，2階それぞれから利用者を誘導し，館庭に避難してもらいました。スムーズに避難誘導できたのは日ごろの避難訓練の成果だと思います。

3月とはいえ雪がちらつき，着の身着のまま外に出た私たちは震えながら，何度も起こる余震が治まるのをただひたすら待ちました。その時すでにライフラインは切断され，職員の持っていた携帯電話のワンセグ放送に映し出された仙台空港に津波が押し寄せる映像と「7mの津波が来ます」という音声だけが情報源という状況の中，得体のしれない不安が充満していました。幸いなことに高台にあり車の避難所になっている図書館は，すぐ下の国道45号まで押し寄せていた津波の難を逃れました。

揺れが落ち着いた頃，利用者には建物の中にいったん荷物を取りに戻ってもらい，全員無事に帰宅したことを確認できたのは夕方でした。

その日から3月31日までは無我夢中で過ごし，記憶は定かではありません。図書館職員は避難所担当になり，私は避難者が1,500人を超す文化センターに行きました。身障者用トイレへの付き添い，古着の配布，食料の配給，館内清掃……を担当しましたが，寒さ，汚れた仮設トイレ，水不足，空腹感，それが長引くにつれ，程度の差はあれ，私たち職員もやはり被災者であることを実感しました。

そんな中，避難所の責任者から，震災3日後から活動を始めていた大学生ボランティアと，山形大学の上山眞知子教授（現在，東北大学災害科学国際研究所特任教授）を紹介されました。「絵本を読むことで笑顔になれる場所が必要」と語る先生の熱い言葉に背中を押され，子どもたちが自由に集える場所「子どもランド」での活動を開始しました。避難所や図書館に届いた支援物資の本を利用したミニ図書館を開き，折り紙，塗り絵，クレヨン，ぬいぐるみ等を並べました。震災発生から6日後の17日のことです。それから毎日，事務室に戻り食事の配給係を担当する時間を除き，1日に2回，図書館から運んだ絵本や紙芝居を使ったおはなし会を開いたりして，子どもたちと過ごしました。

子どもの心のケアは格好の取材対象であったようで，毎日報道機関のカメラを向けられ続け，それがけっこうストレスでもありました。絵本を読み，折り紙を折り，お絵かきをし，子どもたちの笑顔があるその場所は，冷たいコンクリートの上に段ボールを敷き詰め，毛布をかけただけの急ごしらえの，

子どもランドの様子

長く座っていると体の芯から冷えてくる，決して恵まれた環境ではありませんでしたが，それでも避難所の中の別世界でした。避難所にいたお母さんたちから，「子どもがよく眠ってくれるようになった」「ちょっとだけでも子どもたちから離れられる時間が作れてありがたい」と言っていただけ，常日頃おはなし会を担当していてよかった，図書館職員でよかったと心から思えた幸せな時間でした。

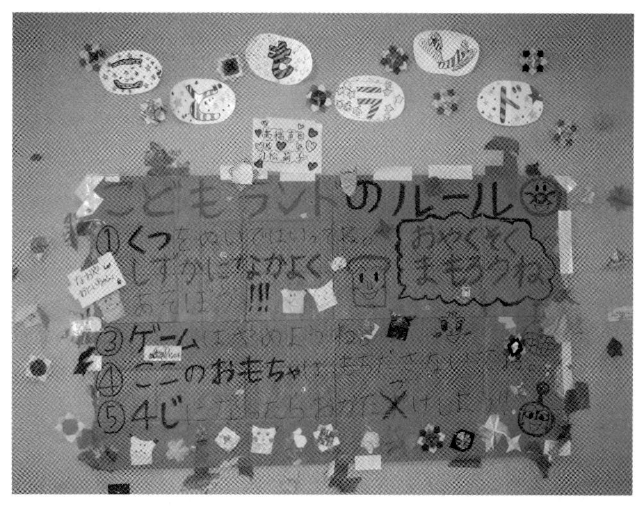

中学生たちが段ボールで作ってくれた子どもランドの看板

図書館で活動するボランティアたちが子どもランドの情報を聞きつけ，自主的に集まっては，読み聞かせをしたり，運営を手伝ってくれたりするようになりました。

私は，疲れが蓄積したのか，文化センター内に蔓延するインフルエンザに罹患し寝込んでしまいました。そうこうするうち図書館の仕事に戻らなければならなくなった私たち職員に代わり，避難所が閉鎖されるまで子どもランドを運営してくれたのは，図書館のボランティアたちと，そして一緒に子どもランドを立ち上げてくれた大学生，避難所にいる中学生ボランティアの面々でした。特に中学生は子どもランド以外でも大活躍で，携帯電話を利用して得た交通や入浴情報を人目に付くところに貼り出すなど，若い感性を生かした行動力には目を見張るものがありました。

そして，3 月 31 日，私は定年退職の日を迎え，防災服に身を包んだ教育長から退職辞令を受け取りました。

3 4月

非常勤職員として，ようやく図書館員に戻ることができました。

本館は，図書の落下がひどく，引き続き避難所を担当する職員を除いた全員で整理を行いました。しかし，玄関自動ドア付近のガラスの破損，児童室，視聴覚室，調査研究室の天井の破損，全館に及ぶ壁のひび割れ等々により，開館は難しく，4月23日から玄関前に移動図書館車を駐車し，土曜，日曜，火曜，水曜に図書のみの貸出を開始し，木曜と金曜は移動図書館による団体貸出の日に当てました。

津波の後の大代分室

津波の被害を受けた大代(おおしろ)分室の水が引くのを待ち，カッパに長靴，ゴム手袋，マスクという完全装備で後片付けを始めました。本を扱う仕事をしてきた身でありながら，汚泥に浸った本を廃棄する作業はただただ悲しいものでした。全蔵書の9割，書架，カウンター，パソコン等の備品すべてが汚泥に浸り，そのすべてを廃棄する作業を行い，空っぽの泥まみれの部屋だけが残りました。

次に津波の被害はなかったものの，書架の一部が倒れ，蔵書が落下した山王分室を整理しました。整理が終わったのもつかの間，4月7日23時32分，再び震度5強の地震があり，書架が倒れ床に本が散乱した状況は以前にもましてひどい状況で，また翌日から片づけに追われることになりました。

4 5月

2か月が過ぎ，瓦礫の山さえなければ以前と変わらない風景が戻りつつありました。本館の修理が進まず，まだ通常の開館はできない中，被害の少なかった山王分室は5月7日ようやく開館にこぎつけました。

その頃，遠く離れた多賀城市まで，支援物資とともに，応援メッセージ入りのたくさんの本を運んで来てくれたのが，北海道滝川市立図書館，富山県舟橋村立図書館の職員の皆さんでした。避難所に支援物資として届く本の山とは異なり，図書館員の目で選定されて運ばれてきた本は，その後の図書館の蔵書に加わりました。

5 2012年

もう少し早く開館ができないのかと，もどかしく思う日々が続きました。市は激甚災害の指定を受け，補助金で公共施設の修繕を行おうとしていましたが，文部科学省に補助金を申請するための事前設計業者による検査，文部科学省の検査と段階を踏むのに時間がかかり，1年を経た7月24日に本館が，8月1日大代分室がようやく通常業務を再開できたのでした。

6 2018年9月

7年半が過ぎた現在，誰も多賀城市立図書館とは呼んでくれない通称「ツタヤ図書館」として新館が多賀城駅前にオープンし，2年半が経過しました。

館内に入り，スターバックスコーヒー店側から，3階まで吹き抜けた壁面にそびえ立つ書架を見上げるとめまいがします。これが2度の大震災を経験し，周期的に宮城県沖地震が起きている地域に建つ図書館の適切な姿とはとても思えません。落下防止のために書架に取り付けられた柵のため，旧館では常時レファレンスに使用していた一連の図書が簡単には利用できない状況になりました。あたかもレファレンス業務を拒否しているようにさえ見えます。

2011年当時，職員と親密な関係を築き復興に力を貸してくれたボランティア組織はもう機能していません。多賀城市立図書館には「多賀城市立図書館ボランティア団体連絡会」（2003年に設立）の組織があり，図書館と協働でおはなし会や研修事業を開催してきました。2011年当時読み聞かせ6団体，布絵本製作1団体，書架整理1団体，環境整備1団体，合計9団体，総勢

46 人の会員が活動していました。子どもランドを手伝ってくれたのも連絡会のボランティアたちでした。しかし，新館への移転時に連絡会は解散し，一部の会がボランティアとして残っているだけです。連絡会会長の「私たちは図書館を失いました」の一言がすべてを物語っています。

7 必ずまた起きる地震に備えて

最後に，避難所対応マニュアルの中に，ぜひ，「子どもランド」のような子どもが自由に集える場所づくりを図書館職員の災害時の業務として明記してほしいと考えます。津波や地震で不安定な子どもたちに読み聞かせるには不適切な本もあります。支援物資の本を利用して読み聞かせを行えるものではなく，私たちも図書館から本を運んでおはなし会を開きました。児童書コーナーに携わる図書館職員の専門的な目で選書して，コーナーづくりを支援する体制が必要です。

ただ，避難所対応の職員として割り当てられるのは市の職員です。2011年当時の図書館職員たちもそれぞれ被災し，我が家が大変な状況であることをさておいて避難所対応，図書館の整理に当たりました。しかし，指定管理者の下にいる図書館職員にそれを望むべくもなく，必ずまた起きる宮城県沖地震に市はどのように対応しようとしているのか，ただただ危惧するばかりです。

（おがた　ようこ　2018.9.29 受理）

移転休館中の被災から新館開館まで

岩沼市立岩沼西小学校　主査（司書）（元・岩沼市図書館）　**糸野あづみ**

1 被災の状況

岩沼市役所の裏手に建つ岩沼市図書館（本館）は，岩沼市民図書館（新館）への移転開館準備のため，2011 年 1 月から休館していました。本館では，既に約 6 万冊が箱詰めされていましたが，固定されていなかった書架が数か所倒れ，箱詰め前の資料や文書が床の上に山となりました。

本館 2 階郷土資料コーナーの被害
（2011.3.12 撮影）

海岸線から約 2.4km にある玉浦公民館内の東分館でも，固定されていなかった書架が地震で数か所倒れました。さらに，仙台東部道路より海側の大部分（市域の 48％）を襲った津波が床上 45cm まで浸水し，図書・雑誌の約半数 1,240 冊と視聴覚資料全 72 点が流失・水損しました。

なお，山側にある西公民館内の西分館では，大きな被害はありませんでした。

2 職員の勤務

発災当日，臨時職員はすぐ帰宅させ，元市職員の嘱託館長と正職員３人は図書館で待機となり，事務室で徹夜しました。私は一人暮らしでしたが，他の職員は津波に襲われた地域に親戚がいることも多く，もどかしい一夜であっただろうと思われます。翌12日朝から，図書館の復旧作業や新館準備に加えて，常時１人が岩沼西小学校に設けられた避難所に詰める交代制勤務も行うこととなりました。その後の避難所の集約・閉鎖に伴って，避難所勤務の場所は，岩沼小学校，市民会館と変わりました。最後の市民会館の避難所は６月５日まで開設されていましたが，図書館の職員は新館準備のため３月いっぱいで図書館のみの業務に戻りました。

東分館から運び出した津波被災資料（2011.3.28撮影）

なお，東分館の復旧作業は，３月28日になってようやく行うことができました。水が引いた館内から，汚泥にまみれた本をスコップやシャベルを使って掘り出しました。この間まで利用者に親しまれていた本にふさわしい扱いをできず，とても辛かったです。

3 新図書館の開館準備

予定より遅れながらも，本館から新館への資料運搬が行われ，システムの更新も間に合いました。新年度を迎えて職員体制が変わり，４月には元図書館長が新たに嘱託館長として着任し，さらに新規採用の司書2人が5月1日付で配属されました。めまぐるしい日々の中で職員間の認識を共有したり，トレーニングをしたりするのは難しいことでした。「新館開館当初は，まずは閲覧のみでかまわない」という市上層部の声もありましたが，震災のために宮城県下で停止していた相互貸借を除いて，事情が許す限り通常のサービスを目指しました。

4 新図書館が開館して

予定どおりの5月28日に，新館が開館しました。記念式典が終わるのを待ちきれないように，大勢の方々が来館しました。

当初は，東日本大震災や原発・放射能に関するコーナーを，被災者の感情等を慮って奥まった場所に設置していました。しかし，問い合わせが多く，また関連書籍の出版が続いたため，より広いコーナーに移設しました。

近隣自治体の図書館が震災前の運営になかなか戻れなかったこともあり，開館後は市外在住者の利用が増えました。仮設住宅に住む方が元の日常を求めて利用することもありました。その後，震災から1年半以上が経っても「ようやく少しは落ち着いたから，あれから初めて図書館に来ることができました」等と話す利用者もいました。

5 最後に

発災直後の混乱した状況下でも，阪神・淡路大震災時の震災文庫の取り組み等，非常時に図書館員・図書館が取るべき行動を思い起こして動こうとした記憶があります。郷土に関する被災情報をどのように残していくのかは継続的な課題であり，遺して風化させないことが次の世代も含めた市民にとっての教訓や備えにつながると思います。

図書館を求める利用者の声が，私たちの大きな支えとなりました。市役所で被災に伴う何らかの手続きに来ていた利用者に呼び止められたり，図書館の状況を聞かれたりすることがありました。また，図書館職員の利用者のためとの思いが，新館を予定どおりスタートさせる大きな原動力になったと思います。

（いとの　あづみ　2018.12.22 受理）

◆福島の高等学校図書館司書たち

福島県の高等学校図書館には，約 50 校の司書が参加している福島県高等学校司書研修会というネットワークがあります。福島県高等学校司書研修会では，2011 年 5 月に『東日本大震災における各学校図書館の被害状況』をまとめています。震災の年，その研修会の会合では，原子力発電所関連資料コーナーを設ける・設けない，震災関連資料を目立つところに置く・置かないなど，それぞれの学校図書館で子どもたちの反応を見ながら対応している状況について，情報交換をしました。

そこで多くの司書たちが共感したのが，福島県立白河実業高等学校図書館が 2011 年 4 月に発行した「図書館だより」でした。「桜を見に図書館に来ませんか?」，「図書館でリラックス」というメッセージを心温まるイラストとともに，子どもたちに届けていたのです。その頃，原発事故や放射能汚染に関するさまざまな憶測や情報が飛び交っていましたが，本当に必要な信頼できる情報は手に入りにくい時期でした。マスクをする・しないという健康面の判断から，避難する・しないという人生を変える決断まで，一人ひとりが判断しなければならず，大人だけでなく，子どもも不安な日々を送っていました。そのようなときに，学校図書館を子どもたちの安らげる場所にしようと努力していたのです。

その後，福島県内では複数の高等学校で，避難してきた学校をサテライト校として受け入れ，敷地内に仮設校舎が建設されました。福島県立安達高等学校などの受け入れ校では，避難校の生徒も図書館を利用できるように努めました。 (し)

3月11日を経験して

亘理町立図書館　副班長　**清野理絵子**

あの日から何年もの月日が流れました。町の様子は変わりましたが，まだまだ復興途中なのだなと思うこともあります。2011（平成23）年3月11日午後2時46分。永遠に続くのかと思われた激しい揺れに，立っているのがやっとでした。

図書館の入る複合施設「悠里館」は海から離れていたので，建物に大きな損傷も，津波の被害もありませんでした。図書やCDが落下したものの，幸い来館者にも職員にも被害はありませんでしたが，さまざまな理由から休館せざるを得ませんでした。その後，愛知県岡崎市消防署員の災害復旧のための駐在所となり，悠里館は別の建物になったかのようでした。

町の沿岸部は津波で大きな被害を受けました。職員は次の日から，炊き出しや避難所での対応，支援物資の受入などにあたりました。図書館業務のことはまったく考えられないほど，めまぐるしい毎日でした。

それでも地震発生の2週間後からは，落下した図書の整理，壊れたCDケースの修繕，入荷する図書や雑誌の受入など，職員は避難所等での勤務に加えて，図書館再開に向けても動いていました。同僚が激務で奮闘している中,私は体調を崩し入院。申し訳なさでいっぱいでした。そのような状況の中,図書館再開が決まり，6月1日から開館時間を1時間短縮して開館しました。顔なじみの利用者の来館を喜ぶ一方で，被災した方々が借りていた資料の把握，処理をすることは心痛む作業でした。資料の被害は約1,100点，補正予算で必要に応じて購入の手続きをとりました。

8月からは通常開館になりましたが，夏休みの行事などは中止せざるを得ませんでした。

図書館内の業務以外では，津波で被災した2つの小学校の図書室の再開にかかわりました。図書の装備などに携わり，貴重な経験でした。

支援については，全国各地から本の寄贈が多くありました。大変ありがたがったのですが，宗教色の強いものなど，希望に沿った形での支援がいただけなかったというのが本音です。その一方で，図書館は人々が集う場ということで，演奏会などの支援も多くありました。

災害への備えという点で効果的だったのは，図書室のすべてのガラスに，飛散防止フイルムを年次計画で施工済みだったことが挙げられます。

今後の備えとして，図書の落下を防止するための書架に貼るテープも支援でいただいたので，そちらを貼りました。災害の多い昨今，人命第一に，日々できることを考えていきたいと思います。

震災を振り返る機会をいただき思うことは，あの震災の時に考えたこと，行動したことの記憶が薄れてきてしまっているので，記録を残しておくことは大切なことだということです。

また，本を読むことは非常時には必要ないものかもしれません。ですが，そんなときこそ本を手にすること，図書館に来ることが癒しになればいいと，この震災を通じて感じました。

（せいの　りえこ　2018.9.30 受理）

◆震災（余震）時の開館・再開時期について

saveMLAK は，東日本大震災の経験から熊本地震の時に「安全な開館のために～東北の図書館員からのメッセージ～」を発信しています（saveMLAK HP より)。余震の中での開館・復旧作業は危険であること，特に，余震による図書の落下により人的被害を按じ，完全開館がすべてではないこと，開館やサービスの方法として，部分開館（外や玄関などの軒下)，団体貸出，移動図書館車，図書館以外での場所（避難所等）などを提案しています。（よ）

東日本大震災発生当時を振り返って

利府町図書館　主事 **阿部　葵**

1 利府町の概要と震災

利府町（りふちょう）は，宮城県のほぼ中央に位置し，町の東方には風光明媚な日本三景の一つ，松島を有する松島町，西方には政令指定都市仙台市に隣接する。県民の森や宮城県総合運動公園（グランディ・21）が整備され，自然が豊かな地域であり，肥沃な農地が東側から南へと広がる。

2011（平成23）年3月11日，東日本大震災により，本町にも甚大な被害があった。沿岸部の浜田地区は津波が国道45号線を乗り越え，JR仙石線付近まで浸水，町内の大型ショッピングモールでは天井が崩落し，1人が亡くなった。

利府町図書館は公民館との複合施設で，地震直後からガス警報器が作動したことや，館内のパンフレットラックが倒れ散乱したり，花瓶等が割れたり，という状況であったため，すべての利用者を屋外に避難させ，職員も雪降る駐車場の一角でラジオに耳を傾けて安全確保に努めた。

その後は，図書館職員も他の生涯学習課職員と一緒に避難所対応や給水活動，炊き出しなどの業務に従事しており，館内の片づけや落下図書の配架作業は施設の安全確認ができてから取りかかった。宮城県図書館への報告も，この頃になってインターネット上で行った。

停電が解消し，水道が復旧し，ガスの開栓確認ができたのは4月半ばであった。施設再開がゴールデンウィーク明けとの方針が決まり，休館を少しでも減らすため，例年6月に行っていた蔵書点検を先に済ませた。その間，利用者の方からの問い合わせがうれしくもあり，申し訳なくもあった。

2 図書館の被災状況

館内の被害については，本震で開架資料の約6割が落下した。また，書庫としていたプレハブ倉庫の地盤が一部沈下し，大きく傾いた。箱詰めの資料はすべて落下した。震災の前年に旧浜田保育所へ保管場所を移していた，寄贈図書や過去の新聞はすべて津波をかぶり，使用不可能となった。さらに，相互貸借で他館へ貸出中の資料が数点，津波で被災した。

被災状況（本震後の館内の様子。4月の余震では書架がずれ動き，より多くの資料が落下した）

3 開館後の対応について

開館後は，近隣市町村や福島県から避難してきた方，被災地派遣で来町した方々からの申し出により，個別に登録を受け付け，利用していただいた。また，近隣市町の広報紙を自由に手に取れるよう配架した。

おはなし会で読む本については，被災児童に配慮したものを選ぶようにした。被災により転居してきた方で読み聞かせボランティアに登録した方が複数名いて，協力いただいた。

一方，新しい書庫が完成するまで，書庫資料は別置となり，提供できなかった。

支援物資でいただいた絵本等をリサイクル市等で町民に配布したところ，大変喜ばれた。ご支援くださった皆さん，ありがとうございました。

（あべ　あおい　2019.2.28 受理）

◆災害時読まれた本，読まれなかった本

災害時に読まれた本，読まれなかった本は，多くの文献や記録から，災害の規模や置かれた環境，時間の経過等で，変化があったことを知ることができます。

地震や津波の被害を受けた人たちは，避難所生活で新聞，地図，電話帳，生活情報や各種手続きのパンフレットやチラシを必要としていました。そして，生活が仮設住宅に移ると料理，手芸，住宅地図，葬儀関係が求められました。また，書店ではお礼状を書くための辞書，震災記録を残す理由やお見舞いのお返しに震災関連の写真集の購入が多かったと聞きます。ニーズがあり続けたのは，新聞，漫画でした。

一方，各地からの支援で寄贈された本の中で，残念ながら「読まれなかった本」もありました。家庭等で眠っていたと思われる百科事典や全集，料理や編み物，趣味などの実用書の古い本。そして，色あせて埃を被った児童書や絵本でした。

被災地ではどんなものでも喜ばれるわけではありません。本を受け取った人が，支援ではなく，施しなのではないかと感じ，自分の境遇を悲しむきっかけになることもあります。

（よ）

震災から公民館図書室の再開にむけて

山元町議会事務局　班長（元・山元町中央公民館図書室）　**嶋田洋子**

1 はじめに

町は，宮城県の最東南に位置し，南は福島県と県境となっている。町の面積は 64.48km^2, 2019 年 5 月末現在の人口は約 12,243 人（震災前は 16,704 人, 2010 年 10 月 1 日現在），世帯は約 4,759 世帯である。

東日本大震災では，600 人以上の尊い命が失われた。家屋の被害は，全壊が約 2,200 棟（うち流失 1,000 棟以上），全壊から一部損壊の被害は 4,400 棟以上であった。町の津波浸水域は, 全体面積の 37.2%, 24km^2 である。幸い，火災は発生しなかったが，甚大な被害となった。

私は 2011 年の震災当時，保健福祉課福祉班に所属しており，震災対応業務で再建支援や義援金等を担当していた。その後，2012 年度から 2015 年度まで中央公民館に勤務となり，図書室担当となった。

今回の記録にあたり，公民館図書室について発災直後から 2011 年度は，当時の担当者に聞いた概要を記し，私が担当した 2012 年 7 月のリニューアル開館までの出来事を中心に記したいと思う。

2 施設の状況等

当町では，中央公民館（以下，中央），坂元公民館（以下，坂元）に図書室を設置しサービスを行っている。この震災では，地震による被害は受けたが，地理的には中央は内陸部にあり，坂元は津波浸水域ではあったが幸い津波被害は免れた。そして，震災直後から 8 月 15 日まで，両公民館は一次避難所となり，職員はその対応に追われた。図書室の状況については，中央の場合，インフルエンザの感染者や体調不良者等の特別室として使われ，読書施設としては使用されていなかった。その後，中央は大ホールの天井などが地震で壊れていたため, 2011 年度は施設全体の改修で使用ができない状況であった。

3 図書室再開までの道のり

2つの図書室では2010年度,「地域活性化交付金(住民生活に光をそそぐ交付金)」を活用した図書館電算システムの導入の最中に震災が発生した。幸い入力作業は,臨時職員を雇用してほぼ終わっていたが,利用の対象範囲(町外のどこまでを対象とするか),貸出期間や冊数等といった管理・運営方法については,震災により棚上げとなっていた。担当として悩ましかったことは,県境にあることで,これまで私を含め隣接の福島県新地町立図書館を当町民は利用させていただいていたが,こういった利用サービスの対象範囲をどうするか,また震災による新たな作業として,寄贈本の中で図書室へ受入するための選書から分類や装備をどうするか,当町で導入したシステムは学校図書館用の単独システムで,導入時にはMARCが搭載されていたが,その後のMARCデータはなく,手作業での入力が必要となること,増えた図書を含めて図書室全体のレイアウトをどうするかなど,課題山積であった。

そんな時,宮城県図書館企画協力班(以下,県)の方々が巡回で来館された。課題を相談したところ,管理・運営面で参考となりそうな図書館を教えてもらった。早速,電話で問い合わせたり,うかがったりした。次に,寄贈本の受入・選書,分類,装備方法と技術的な指導をいただき,緊急雇用創出事業を活用し進めることができた。

そして,県とsaveMLAKの仲介により,収容能力を高めるため,金剛株式会社の支援によるスチール製書架の導入,キハラ株式会社からのブックトラックの支援をありがたく受けた。

2室の木製書架や蔵書約1万6千冊の搬出,そして新しい書架への配架作業を,2012年6月20日から10日間,閉室して行った。その際,県から2日間で,延べ23人の職員の協力を得て進めることができた。ご協力をいただいた県の皆さん,特に熊谷慎一郎氏には,この場を借りて感謝を申し上げたい。

(しまだ　ようこ　2019.8.5インタビュー)

◆避難者への図書館サービス

広域災害では，多くの住民が故郷を離れて避難することがある。東日本大震災でも，東北・関東から非常に多くの人々が全国各地に短期・長期に避難する事態となった。特に原発事故による影響が甚大だった福島県ではいまだに故郷に帰れない状況が続いている人たちもいる。避難者が不慣れな土地で不安を抱えながら過ごしている時に，図書館を利用してもらうことは，受入側には基本的かつ，即時に対応しやすい取り組みだろう。緊急的措置として柔軟に対応した事例は各地であった。

過去には東京都三宅島が全島避難し，都内の団地に入居した時の対応などもあったが，東日本大震災でも早い時期，例えば 2011 年 3 月 23 日付 JLA メールマガジン「被災地から避難された方へのサービス」で，山梨県立図書館などが住民同様のサービスを提供していることを紹介している。

ところで，「福島県の図書館を考えるシンポジウム」では，2012 年 11 月段階で「避難者が避難先での図書館利用がスムーズにできるようにしてほしい」との発言があった。震災避難者にどんなサービスが行われたかの全体像は把握されているのだろうか？少なくとも全国規模や私の勤務地の東京では網羅的な記録は見当たらない。各館は当然のこととして緊急対応したのだろうが，その後，組織的に調査・記録すべきだったと思う。避難者対応に躊躇する図書館や次への備えの参考にもなるのだから。 （み）

参考：日図協 HP，東日本大震災について > 被災地支援レポート > レポート 4

震災を乗り越えて

塩竃市生涯学習センター　ふれあいエスプ塩竃
（元・松島町勤労青少年ホーム図書室　嘱託職員）**畠山皆子**

「地域活性化交付金（住民生活に光をそそぐ交付金）」を活用し，図書館電算システムが導入された。4月稼働を目標に，3月7日から休館し，蔵書約4万冊の入力を3～4人で奮闘していた矢先，3月11日地震が発生した。発災直後，津波警報から付近の高齢の住民が避難してきたため，自家用車で2人を乗せて高台に避難した。

幸い，施設は津波被害を免れたものの，図書室天井の落下など建物内のあちこちが破損した。駐車場は2日後から給水所となり，体調不良者への対応をしながら図書室の復旧作業を行った。出勤ができるメンバーとボランティアの申し出があった学生で，落下図書の配架を行い，入力作業も並行で進めた。しかし，4月7日の余震により再落下。4月末の開館が絶たれた瞬間でもあった。気を取り直し再び配架をした。その後，5月末には入力が終わり，6月3日には開館することができた。

町民の当時の様子を振り返ると，周辺の市町村より被害が比較的少なかったこともあり，徐々に日常生活を取り戻そうとする中，4月末に印象的なことがあった。高齢の母親を連れ定期的に訪れていた男性が一人で来館した。「一体いつ開館するのか」と，母親のために早く再開してほしいのは明らかだったが，このような状況で見通しもたたずお詫びするしかなかった。作業を少しでも早く終えたいと改めて思った瞬間でもあった。

6月3日の再開後の様子を振り返りたい。図書室前には顔なじみの常連利用者，新たな顔ぶれなどがそろった。新刊コーナーでは人が並ぶ風景，「待ってたんだよ」，期待や喜びの声，何を借りるわけでもないが新聞を読みに来る人，ここに来れば本があるという安らぎ，子どもたちも静かに絵本等を見る。読書が生活の一部なっていたという再認識と，震災前の当たり前のことができるようになった瞬間，私自身も，言いようもない気持ちで満たされたことが思い出される。

最後に，ここまで来ることができたのは，宮城県図書館が窓口となり，法人や企業等から書架や備品類をはじめとして多大なるご支援を頂戴したこと，絵本作家のきむらゆういち氏や当町にゆかりのある個人の方々や各自治体から心のある支援，また，長年町の保育士として従事していた和泉悦子氏が，この震災で帰らぬ人となり，ご家族の意向から，多大な寄付を受けたこと等，今でも忘れられません。私はこの職場を離れてしまいましたが，この場をお借りして，改めて感謝を申し上げる次第です。この図書室は文化の復興の証として，これからも町民に慣れ親しまれていくものと思っています。

（はたけやま　みなこ　2018.9.28 インタビュー）

◆図書の寄贈

救援物資，支援物資は被災地にとって有り難い善意によるものでした。しかし被災地では，過剰であったり，ミスマッチがあったりと受入に苦慮することがありました。避難所として使用できる施設が限られる中，物資の受入は大きな課題です。東日本大震災の時にも，震災直後から本の支援が大量にありました。saveMLAK は震災後いち早く「本を送りません宣言」（仮称）として発信しました（saveMLAK HP より）。

一方で，陸前高田市（岩手県）では寄贈された本を，㈱バリューブックスが査定し，その金額相当分で，陸前高田市立図書館を応援する「陸前高田市立図書館ゆめプロジェクト」を実施しています（陸前高田市立図書館ゆめプロジェクト HP より）。

また，避難所の閉鎖時には，「支援として送られた多くの本をどうするか」という大きな問題もあります。（よ）

あの日の出来事

七ヶ浜町立遠山保育所　所長（元・七ヶ浜町生涯学習センター　係長）**菅井　厚**

七ヶ浜町は13.27km^{2}と，東北・北海道で最小の面積で，人口1.9万人の塩竈市や多賀城市に隣接する町である。

当時，私は生涯学習センター（中央公民館）に勤務し，発災後から避難所対応となった。一方で，図書センター（亦楽（えきらく）地区公民館，2階建て）には，職員1人と司書（臨時職員）2人が勤務していた。あまりの揺れの大きさに，すぐに外に避難をしたという。津波被害はなかったが，被災建築物応急危険度判定で，危険度が高いと判定され，立入禁止となった（その後，町の執行機関で施設を改修するか，解体するか検討がされ，後者が選択された）。

被害を受けなかった図書の安全な場所への運び出しが必要となったが，余震がひどいことや災害対応で人手がなく困っていた。そんな時に，約20人の自衛隊員の協力を得られることになった。おかげで，勤労青少年ホームの軽運動場（小さな体育館）に図書等を搬入することができ，その後，一部配架し再開することができた。しかし，町民は津波や地震で自宅を失うなどして，本を読む気持ちになれなかったこともあると思うが，利用は少なかった。

それから，9月に生涯学習センターに仮移転し，ロビーで開館した。さらに年が明けた3月，勤労青少年ホームの軽運動場に場所を移ることとなった。震災後，開架に出せずにいた資料を貸出できるようにするためである。宮城県図書館職員や県内図書館関係者，町のボランティアセンターを通じて集まった学生，日本図書館協会の呼びかけで参加いただいた方々の協力の下，書架等が設置され，作業の経過とともに，震災後眠っていた図書が配架され，仮の施設ではあるが震災前と同じ利用ができる状態となった。

さらに時を経て，町の復旧・復興が進む中，2015年度に生涯学習センターが改修され，図書室も整備されて現在に至っている。度重なる引越しから，やっと落ち着いた感がある。

町民の生涯学習の提供や継続性を考えれば，さまざまな支援をいただきながらここまで整備できたことは大変意義深く，感謝の一言に尽きる。この場をお借りして感謝を申し上げます。

（すがい　あつし　2018.9.14 インタビュー）

◆自治体職員の心の健康

非常時には図書館職員も，自治体職員として通常とはまったく異なる災害業務に携わることになります。東日本大震災のときのことです。避難所の運営や引越し，急病人の搬送，支援物資への対応，罹災証明や被災証明の発行…とエンドレス。わからないながらも昼夜を問わず，住民の福祉のため懸命に奉仕。発災直後は，苦しむ人たちを前に，ジレンマだけが蓄積していきました。時間の経過とともに家族や知人等の無事が確認でき，励ましあい，被災者から感謝され，失ったものを少しだけ忘れたいという気持ちをバネに奮闘しました。

本書の中にも，業務過多でありながら無我夢中で図書館業務や復旧作業に取り組む図書館員の様子が，書かれています。

そして，震災から 2 か月近く経過した時のこと。被災地の自治体には，心身のバランスを崩さないよう，「燃え尽き症候群」への注意喚起のパンフレットが届けられました。しかし，何をどうしたらいいのかわからず，そのまま仕事を続ける人たちが何人もいました。

災害時にそんなことを繰り返してほしくないという願いからの提案があります。平常時に災害時の勤務体制をみんなで考えておきましょう。そして，日頃から非常時に立ち向かえる職場環境，チームワーク作りをしておきましょう。（よ）

参考：公務員連絡会地方公務員部会．1000 時間後のあなたへ～東日本大震災で頑張ったあなたへ～．HP ／公務員連絡会地方公務員部会．自己チェック～燃え尽き症候群の気配～．HP

避難所となった図書館

石巻市福祉部市民相談センター　主任主事（元・石巻市図書館　館長）**今野金俊**

その時，約30人が館内にいました。長く強い揺れでしたが，開架書架の南西の角の一部から図書が落下したのみでした。しかし，停電のため図書館システムは停止し，書庫内の資料は相当落下，余震のおそれもあることから安全な駐車場に全員が避難しました。約1時間後，第1波の津波が来ると，図書館のある丘陵の周りの住宅や商店から続々と人々が避難してきました。丘陵上には，複数の小・中・高校と市立総合体育館があり，市の避難所に指定されています。近くの体育館へ様子を見に行くと，既に数百人の避難者で一杯，さらに続々と避難者が集まって来ています。図書館の約200人を指定避難所に案内するのは断念し，徒歩で10分ほどの市役所に行き，図書館を避難所とする許可を得ました。

その晩は余震が続く中，皆が眠れぬ夜を過ごしました。図書館は丘陵の北側にありますが，海に面した南側の空は火災の炎で赤く染まり，時折プロパンガスのボンベが爆発するボーンという音が一晩中聞こえていました。

翌日以降は自宅に戻った人なども増え，結局80人ほどで図書館での避難生活が始まりました。当初は職員も全員泊まり込み。家族との連絡もつきません。2階・1階・駐車場に各班長・副班長各3人，代表1人がお世話役になり，定期的に館長も含めたミーティングを行い，意見を交換し要望を伝え，問題の解決を図りました。

3月とはいえ石巻の春は寒く，震災の日も，その後も時折雪が舞っていました。職員が交代で夜通しストーブとボイラーを見守っていると，眠れぬ人がお茶を飲みに来たりもします。市の予算・人事異動は基本的に凍結され，定年退職は3か月延長されました。図書館は分館2館が津波により流失し，2館が避難所となっていました。

震災直後の書庫３層目

震災翌日，即席の釜で食事をつくる

4月中旬に，日本図書館協会寄贈の図書をバンに積み込んで避難所を回ったところ，新しい本が読みたいと口々に言われました。5月に入ると，毎日何件かの開館要望がありました。避難者は仮設住宅やみなし仮設住宅，親戚宅等に移るなどで，徐々に少なくなっており，避難者全員が2階に収容できる目途がたったところで，避難者と開館に向けた協議を重ね，6月7日から1階で貸出サービスのみ再開しました。洗濯物が2階のベランダに翻り，1階の貸出カウンターで「ただいま」「おかえりなさい」とタオルを持った風呂あがりの被災者と挨拶を交わす光景を来館者は見ることになりました。

移動図書館は震災の5年前に廃止していましたが，移動図書館車は未だ現存しており，支援の仲介があって，再開までの費用を確保できました。この支援のおかげで教育委員会・財政当局との話も順調に進み，10 月 29 日から 24 か所の仮設住宅団地に 2 週間に 1 度を基本に，移動図書館車の運行を再開しました。

10 月には避難された方全員が次の住まいに移り，他の避難所と同様に図書館の避難所は閉鎖し，11 月からは震災以前のように全面開館できました。子どもたちの嬉しそうな声が聞こえると，まるで図書館が生き返ったような気がしました。

避難所開設中は，日本図書館協会を始め多くの方にご支援をいただきました。当時は至らぬことも多々あったと思いますが，改めて皆さんのご厚情に感謝申し上げますとともに，さらなるご発展をお祈り申し上げます。

（こんの　かねとし　2018.9.30 受理）

◆本が持つカ

図書館員は，災害業務に従事しながらも，図書館としてできること，寄り添えることはないかを模索し，葛藤しました。それぞれが取り組んだ事例を多くの文献等から知ることができます。

避難所ではできることが限られ，周囲の目に常にさらされる生活でした。その中で，老若男女を問わず，数日前の新聞を何度も読み返す人たちがいました。ある利用者は，借りていた本を車に積んで避難していたといいます。避難所では子どもに本を繰り返し読んであげ，自身も借りた本を読んで何とか過ごせたという話を聞きました。気仙沼市の図書館では，新聞を読むために数時間かけて来館した在宅避難者もいたそうです。

人はなぜ読書をするのでしょうか。6 分間の読書でストレスや不安の 3 分の 2 以上を軽減する効果があるそうです。非常時だからこそ，読書は必要なのかもしれません。

（よ）

参考：樺沢紫苑．精神科医が教える読んだら忘れない読書術．サンマーク出版，2015

東日本大震災と「ICT 地域の絆保存プロジェクト」

東松島市図書館　館長　**菅原優子**

東松島市は宮城県の東北部に位置し，人口約 4 万人のまちです。東日本大震災では 1,109 人の尊い命が失われ（2018 年 3 月現在），いまだ 24 人が行方不明となっています。また，浸水域が市街地の約 65％に達するなど，農業や漁業をはじめとする産業施設や社会基盤施設にも壊滅的な被害が生じました。当館は，海岸より 3 ～ 4km 内陸に位置しているため，津波被害はぎりぎりのところで免れましたが，天井の一部落下，照明設備の故障や崩落，建物周辺地盤沈下，書架の倒壊，破損により休館を余儀なくされました。市内 6 か所の配本所も半数は全壊し，資料も約 1 万 3 千冊が流出しました。本館では，貸出中資料のうち約 3,000 冊が流出および不明となりました。

倒壊した書架の修復とともに，散乱した本の整理作業，毎日届けられる支援本の仕分け作業，貸出本約 1 万冊の所在確認と処理作業を連日繰り返し，ようやく 6 月の仮開館にたどり着きました。

時間が進む中で，当時の加藤孔敬副館長は，散逸してしまいがちな震災資料をひとつでも多く集めておくこと，できるだけ早い段階で被災者の記憶を記録することを考えていました。11 月には図書館振興財団の助成を受けて，「ICT 地域の絆保存プロジェクト」を立ち上げ，以下の 3 点を中心に資料の収集・保存を考えました。

① 市民の体験談を取材すること
② 被災写真や動画を集め，保存すること
③ 東松島市の震災に関する新聞記事をスクラップ，製本すること

中でも私は，震災体験談の聞き手として，2012 年 4 月から約 2 年半をかけ，主に市民 151 人の体験談の記録に携わりました。市民の大半が被災者であるため，語り手の居住地区，年齢，性別，職業等の偏りをなくすよう配慮し

ました。また，人命救助や避難所運営に大きく貢献した医療従事者，消防団員，僧侶，市役所，市民センター職員，教員，保育士，行政区長など，残すべき行動の記録の優位性を考え，関係者への協力を呼びかけました。その内容は，ホームページや図書館専用タブレット，記録集『東日本大震災の証言』(東松島市図書館発行）を通して随時公開してきました。

10 万枚ほど集まった写真は，最終的に市内 31 地区 460 か所に分類整理し，現在 2.7 万枚を公開しています。また，新聞記事資料は，購入している 12 紙から市内の震災関連記事をスクラップし，2011 年 3 月から 2016 年 12 月までのものを永年保存版として製本しました。

「ICT 地域の絆保存プロジェクト」ホームページ

2014 年 7 月には，収集した資料の活用を図るため，「まちなか震災アーカイブ」事業を展開しました。これは，公共施設，商業・観光施設や事業所など，市内の至るところで，気軽に個人のスマートフォンやタブレットから当時の被災状況を見たり，被災体験談を読んだりすることができるというものです。市内 204 か所の協力を得て，QR コード入りステッカーを貼り出すとともに，事務所内ではスタッフが，被災地情報や観光案内，協力事業所を掲載した「まちなかマップ」を作成しました。「震災アーカイブ」がまちのにぎわいを取り戻す一助になればとの思いも込めて版を重ね，市民や被災地見学で訪れた方々に配布しました。

震災直後からの図書館の取り組みは反響も大きく，多くの方々から励ましの声が寄せられました。当時無我夢中で集めた市民の肉声は，被災地の叫びであり未来への警鐘となりました。震災の記憶を風化させないために，これらの記録を大切に保存しながら，積極的活用を図っていくことが，今後の図書館の使命であると考えています。

（すがわら　ゆうこ　2018.9.27 受理）

◆自治体職員の応援・派遣

災害時の人的応援には，災害対策基本法や相互応援協定に基づく「応援」（短期間）と，地方自治法に基づく「派遣」（長期間）の 2 種類があります。

東日本大震災直後の被災地には，各地の図書館職員も自治体職員として「応援」に行ったことが報告されています。そこでの業務の多くは，罹災証明や被災証明等の発行業務であったようです。図書館員が図書館へ「応援」に行った例もあります。名取市（宮城県）には，地震により全壊した建物から資料の搬出等の作業の「応援」が石狩市（北海道）等からありました。

図書館業務への「派遣」は少ないと思われますが，東松島市（宮城県）では，富山市（富山県）から司書が派遣され，2017 年度から 2 年間，図書館勤務をしました。陸前高田市（岩手県）には，名古屋市（愛知県）から司書が「派遣」されました。

全体像を把握するため，統計書等を確認しましたが，今回は「応援」も「派遣」もその実態はわかりませんでした。

（よ）

参考：内閣府（防災担当）．地方公共団体のための災害時受援体制に関するガイドライン．HP ／総務省．平成 29 年度における東日本大震災及び熊本地震による被災地方公共団体への地方公務員の派遣状況調査等の結果の公表（平成 29 年 4 月 1 日時点）．HP

「おおぞら号」の3・11

元・気仙沼市気仙沼図書館　館外奉仕係　**荒木秀浩**

それは突然やってきた。移動図書館バス「おおぞら号」の両側の扉が，空飛ぶダンボの両耳のように，大きく激しく上下し，バス全体がトランポリンに乗っているようだった。

そこは，青く澄んだ海が穏やかに波打っているリアス式海岸の入り江の奥深くであった。ただちに丘の上に移動し，図書館への帰路を急いだ。途中の道路は不思議と対向車も少なく不気味に静かだった。よく見ると車道と歩道の境目から，鼠色した液状の泥が湧いて，それが道沿いに連なっていた。

もう少しで図書館に着くという地点で，車の渋滞にぶつかった。直進を諦めてＵターンした時，背後のパトカーからの「津波！　津波！　車を捨てて逃げろ！」との叫び声を聞いた。あわてて，バスから降りて振り返ると，すぐ後ろの建物に波がぶつかり，分かれてこちらに向かってきた。

一命は助かったものの，「おおぞら号」は津波に飲み込まれてしまった。

被災した移動図書館バス
「おおぞら号」

おおぞら号の車内

津波に翻弄されて，右に左にあるいはグルグルと回転しているバスの姿を見たのは，後日 YouTube の映像であった。水が引いて確認すると，車両の外形の損傷は，さほどの痛々しさを感じさせなかったが，扉をこじ開けて入ると車内は散乱し，しかもびっしょり濡れて膨れ上がっている本，本，本。

棚に残っていた本は，木枠ごとコンクリート化していて，棚から引きはがすのに，かなてこが必要だった。本の状態によって，洗浄や乾燥を施して記録し，除籍した。最上段にあった本だけが，かろうじて再利用に供することができた。

その後の日本のみならず世界から寄せられた善意と希望に，心から感謝しております。

（あらき　ひでひろ　2018.6.9 受理）

◆被災地に行けなくても支援はできる

あの時，日本中の多くの人が「被災地のために何かしたい」と思っていた。でも，現地に行けた人は限られた。しかし，後方支援もさまざまあり，それも必要な仕事と自分の住む場所での活動も活発に行われた。

例えば，現地に送る本の整理・装備作業があった。講習会も開かれた。また，日本書籍出版協会・個人グループ・日本図書館協会・関連企業が連携して，本・装備材・作業場所・人員を確保した例などもあった。破損して本に付着した蛍光灯のガラスを取り除く作業は，最初は福島の現地に泊まりがけで行ったが，行ける人数，できる作業量に限界があり，東京に運んで作業した。いずれも，「被災地には行けないけど，ここなら」と多くの参加者が集まった。また，現職図書館員，リタイア組，あるいは学生と立場の違う人が一緒に作業することで，技術や想いを伝え合い，おしゃべりの中から日頃の悩み等を共有する場にもなった。

数年経っても被災地への想いは続いている。2015 年 1 月，陸前高田市（岩手県）の市立図書館・民間図書館では，装備用のハサミをまだ持っていなかった。ハサミ代の寄付を呼び掛けたところ，1 週間ほどで 65 人が応じ，全員がきちんと入金してくださったことは感動的だった。

（み）

東日本大震災からの南三陸町図書館再建の歩み

復興庁宮城復興局気仙沼支所・復興支援専門員
（元・南三陸町役場歌津支所地域生活課　副参事兼係長）
及川庄弥

南三陸町は2005年10月に，志津川町と歌津町が合併してできました。

志津川町の図書館は，兼務の館長ほか3人の職員体制で，蔵書も3万冊を超え，一般の貸出のほかに，小学校への移動図書館や読み聞かせ，特にチリ津波が来た5月24日を中心として，津波の記録の展示を行い，防災教育のため活用してきたところです。

歌津公民館の図書室も，場所的に小・中学校にも近く，放課後の児童・生徒でにぎわっていました。合併後建設された公民館でもあり，施設，設備も充実しており，新たに津波の震災記録の展示等を図書館と連携して取り組んできました。

震災前の南三陸町図書館

2011年3月11日の東日本大震災により，海沿いにあった南三陸町図書館は，近くにあった志津川公民館もろとも，津波に一瞬に飲み込まれなくなりました。館長が帰らぬ人となりました。

歌津公民館も流されてしまいました。こんな状況の中で，図書館の再開などということは，到底考えられませんでした。

図書館には1人の配置もなく，生涯学習課長が館長を兼務で行うことになりました。その当時は，避難者対応業務が中心にならざるを得ない状況でした。

私も避難所にいましたが，体育館玄関の電灯の下で，子どもたちが本を読んでいる光景が忘れられませんでした。その後，宮城県図書館をはじめ関係皆さま方のアドバイスをいただき，再開の機運が盛り上がり，寄付いただいた図書館用プレハブを設置して，10月5日を目標に再開することになりました。

スタッフもいないことから，貸し出すまでの準備が整いませんでしたが，全国の図書館職員等の協力をいただき，どうにか開館することができました。

開館以後も，ご寄贈の申し出が多くありました。図書だけでなく子どもたちが楽しむことができるようにと，手づくりおもちゃ，手芸，絵本等が送られてきました。さらに，スタッフも増え，11月からは移動図書館車を隣町の仮設住宅にも運行することにしました。

その後，年末年始，祝祭日以外は休日等も開館し，歌津地区，戸倉地区でも身近に読書ができるよう，寄付いただいたプレハブ等で，図書室を設置しました。

さらに，オーストラリアの銀行より大人から子どもまで，くつろいで読書や学習ができる，図書館を兼ねた生涯学習館建設支援の話があり，ありがたく申し出をお受けすることになりました。新しい図書館は2013年2月に完成し，蔵書も1万冊近くなり，近くの仮設住宅の子どもたちがグループで宿題をしたり，母親と幼児が絵本のスペースで本を読んだり，大人が新聞や読書をしたり，派遣職員の憩いの場としても利用されるようになりました。

オーストラリアの銀行に建設いただいた図書館「コアラ館」(2013年開館)

生涯学習センター内南三陸町図書館(2019 年 4 月 25 日開館)

その後，公共施設が再建され，公民館と図書館の複合施設の建設に向けた検討がなされ，2019 年 4 月 25 日に開館することができました。公民館スペースと図書館スペースの供用を図り，図書館スペースは震災前の 3 倍近くの広さになりました。

東側に図書館スペースを確保し，地元産材を使って FSC（Forest Stewardship Council，森林管理協議会）の国際認証を取得した，木のぬくもりのある，親子，子ども，大人からお年寄りまで，ゆったりとした環境で読書することができる場所になりました。視聴覚室もあり，音楽や映像も楽しむことができ，蔵書も 10 万冊近くになり，近くには学校や大型スーパーや駅もあり，文化活動の拠点になるものと期待されます。

震災時には多くの図書のほか支援物資をいただきました。こちらで必要とするものを確認して送っていただき助かりましたが，古本等扱いに困るものもありました。

震災における文化活動，とりわけ読書の持つ意味について考えたいと思います。震災時の図書館の再建は，優先順位が違うのではと思われがちですが，復興までの長丁場で，自分を見失わないで日常を取り戻すために読書が必要です。静かな環境の中で読書することにより，これからの自分の進むべき道のヒントを，先人の体験から学ぶことがあるかもしれません。

（おいかわ　しょうや　2019.5.3 受理）

◆災害伝承

図書館に災害に関する特設コーナーができたのは，東日本大震災が初めてではありません。1960 年に東北三陸地方を襲ったチリ地震津波の後，当時の志津川町図書館（宮城県）では「地震津波資料」という名称で収集していました（宮城県図書館．みやぎの公共図書館．2001 年）。このコレクションは，大変残念なことに，今回の東日本大震災の津波で図書館の建物とともに全資料が流失してしまいました。

また，1995 年の阪神・淡路大震災を機に設けられた震災文庫（神戸大学附属図書館）や震災関連資料室 /1.17 文庫（神戸市立中央図書館），2004 年の新潟県中越地震に関する震災文庫（新潟県立図書館）などの事例があります。古くは 1959 年の伊勢湾台風関連資料を集めた " 公立図書館としては，全国初の災害専門資料室である " 伊勢湾台風資料室（名古屋市南図書館，1992 年創設）もあります（図書館界. vol.71，No.5，2020，p.297.）。

（に）

恐ろしい「東日本大震災」と図書館再開館

元・南三陸町教育委員会　生涯学習課　技師（労務職）**山内 広**

1 大津波が襲ってきた!!

「ザャッバァーン」。津波第2波は，ものすごい勢いで防潮堤を越えてきた。どんどん海水がふくれあがり，家々，植木，電柱などあらゆるものをばらばらに破壊していった。すぐ近くの高台に避難した近隣住民（20人くらい）は，ギシギシと音をたて壊されていく我が家を見なければならなかった。「あぁー，あぁ」という声しか出ていなかった。その後に起きた引き波も恐ろしかった。無残な姿になった我が家が海に消えていくのをじっと見ていた。孫が寒いだろうと毛布を取りに行った若いおじいさんが，家ごと海に流された。せっかく避難したのに，無念でならなかった。自分の責任を感じた。

「見るなーっ！」運びきれなかった患者がベッドごと窓から落ちていく。入院患者107人のうち72人が死亡・行方不明となった公立志津川病院。町老人ホームに，近くの志津川高校の生徒たち（サッカー部，野球部員等）が命がけで救助に加わった。20人の命が救われたが，入所者等48人が犠牲に。防災庁舎屋上に避難した人は54人。うち43人が死亡・行方不明に。ほとんどが町職員だった。しっかり捕まっていたフェンスごと流されてしまった。「でぇじょぶだ。ここまでこねぇがら」「そうだな。あがらい。おじゃっこのむべす」。恐ろしい津波は内陸奥にいた人たちまでも襲った……。

2011（平成23）年3月11日（金）午後2時46分大地震発生，午後3時30分頃大津波が襲来。ものの5分ほどで町を呑みこんでしまった東日本大震災である。いまだに当町の行方不明者は211人いる（2019年6月現在）。

図書館は，施設（建物），設備，蔵書や資料，すべてが流失。館長（生涯学習課長兼務）が亡くなってしまった。町内公共施設で最初に破壊され流されたと思われる。2010年に移転計画，2012年に複合施設に移転予定だった。一方，歌津公民館図書室は，新築されたばかりの公民館が全壊，蔵書すべてが流失。どちらもすべてを失ってしまった。1960（昭和35）年5月，当町志津川で41人の犠牲者を出したチリ地震津波の教訓は活かされなかった。予想外のとんでもない大津波に教訓は無視された。

津波第2波。向こうに図書館の屋根が…

志津川高校避難所にたどり着いたのは，震災の2日目。この日から5か月と22日，激動の避難所生活の運営が始まる。6月初め，宮城県図書館の熊谷慎一郎さんと避難所で出会う。図書館再建に向けた運営のあり方等，県図書館と元町図書館員（自分）との最初の打ち合わせである。現在，避難所運営が大変な時期で，安全安心な環境づくりを進めていく以外何も考えられない。本部長としてみんなの命を守る責任がある旨を話した。この時点では，図書館再建は当分無理だろうと思った。及川庄弥館長とともに，県図書館（熊谷さん）が企画運営や各種支援団体との連絡調整をやってくれるよう願望した。

8月22日，高校避難所が閉鎖，私は9月3日一人避難所を後にした。

2 南三陸町図書館の再開館に向けて

9月5日，職場に戻ったが，臨時職員の女子3人は8月から動いていた。コーティング講習会は8月20,21日，県内から25人が参加し実施された。この頃，「9月中旬あたりにサービスを開始したい」と熊谷さん。それは絶対無理だろうといまだに思う自分がいた。集中準備作業は，9月22日(金）～24日(日)

プレハブ２棟とトレーラーハウス

3日間行われ，全国各地から司書の方々等，延べ92人の支援をいただいた。図書館員にしかできない実務作業に，当町臨時職員も加わった。プレハブの中，みんなで食べた昼食のカレーが忘れられない。閲覧室に図書が増えない。最終日の終わり頃になっても棚に1,500冊くらい。どうしよう……。

いよいよ南三陸町図書館の再開館。10月5日(水)，町総合体育館前仮設図書館で行われた。プレハブ2棟，トレーラーハウス，蔵書3,000冊でスタートした。格好いい看板は，県図書館の阿部頼人さんが作製してくれた。流失した年に図書館が開館できたことが信じられず，感無量である。全国からの支援，県図書館の指導助言，当町臨時職員の頑張り等，全員同じ気持ちで進んだからだろう。特に熊谷さんのネットワークの連絡調整，行動力に脱帽する。当初何もなかったのに，こうなるとは思いもしなかった。

移動図書館車は11月15日から走り，翌年2012年7月，歌津コミュニティ図書館「魚竜」オープン。南三陸町オーストラリア友好学習館は，2013年1月完成 (当町本設第1号)，2月1日オープン。戸倉図書室も開いた。

2019（平成31）年4月25日，待望の「南三陸町生涯学習センター」が開館，津波で流失した図書館と志津川公民館が入る複合施設として整備された。図書館は2011年3月，町内公共施設で最初に破壊され流されたと推測される。それが2019年4月，町内すべての公共施設再建が完了したという。8年半が過ぎ，最初で最後となった図書館の復旧復興であった。

この段階ができたら次の段階へ，次の段階へと常に前進することが大切だ。

新図書館は，南三陸の杉がたくさん使われ，木の香りがいっぱい。とても気持ちがいい。全体が迷路みたいで，子どもだけでなく大人も楽しめそうだ。子どもたちや多くの町民が気軽に集まれる場になってほしい。町民の心の復興が進むことを期待したい。みんなから愛される図書館に。がんばれ —— 図書館。被災地の図書館にとっては，災害（東日本大震災等）の記憶や教訓を伝えていくことが重要になる。忘れないこと，忘れさせないことだ。

現在，蔵書は 3 万冊を超えているという。再開館時の 10 倍だ。

「おだずなよ津波！　まげねぇぞ！」当時から，町民皆がんばってきた。

（やまうち　ひろし　2019.8.16 受理）

移動図書館は何を届けたか

元・女川町教育委員会　社会教育指導員　**元木幸市**

大震災から約1年後という短期間に，女川町の図書室は「女川つながる図書館」として仮復旧した。水没した蔵書4万冊には及ばなかったが，全国から支援された2万冊余りを当初の資料として，2012年3月末に他に類をみないスピードで開館にこぎつけた。それを成し遂げたのは，ボランティアの力もあったが，ほとんどがそれまで図書館の仕事とはかかわりのなかった臨時職員だ。大津波から危うく難を逃れた2人のパートの図書補助員と私たち社会教育指導員が中心となり，震災後に臨時的に採用された職員とともに，浸水を免れた公共施設の一画に図書スペースをつくる作業に取り組んだ。図書室を所管する生涯学習課の正規職員は，避難所や仮設住宅への対応でとても余力はなかった。

開館から1年間，図書館職員は全部で9人ほどだったが，すべて6か月間の有期雇用の臨時職員として採用され，交代制でカウンター業務2～3人，

家事の手を休めて移動図書館車に集まる住民たち

大規模仮設住宅内のステーションでの利用風景

図書館見学に来た近くの保育所児童

移動図書館と震災直後につくった「女川ちゃっこい絵本館」に5～6人が充てられた。2年後には震災前から勤務していた図書補助員も辞めていき，その後はカウンター2人，移動図書館3人の臨時職員でやりくりするような状況が続いた。

2012年4月初めからスタートした移動図書館車（以下，BM）は，当初週4日，隔週ごとに20か所ほどのステーションを回って，図書館に通うことが困難な人たちの需要に応えていった。ステーションは，町内の仮設住宅中心だったが，ほかにも被害を受けなかった地区の空きスペースや小学校などが選定され，町内から隣接市にある仮設住宅を含めて南北約20kmをカバーした。

振り返るとBMの役割は導入当初からずっと変わっていないように見える。大震災後，利用者はBMに何を求めていたのか。多くは図書資料であることは言うまでもないが，それだけではない。

「○○地区の△△さんは，今どこにいる？」「引っ越して，○○市の息子夫婦のところさ行ったでば」……。BMの職員たちからの情報によって，やすらぎを得られた人たちがいた。こんな声もあった。「何もすっこどねえがら，山菜採りでもしたいんだけど，種類がわがんなくてねえ」「持って歩ける図鑑あるよ」……。「孫の弁当こさえなくてねんだけど，何が簡単にできる料理の本ねえべが」……。「役場に申請書類出さなくてねんだげっと，漢字わがんねくて。ちっちゃい辞典みたいのほしいなあ」……などなど。

月日が経ち，BMが徐々に認知され始めると，利用者からの実用的な要望も多く寄せられるようになってきた。本の貸し借りだけではなく，そこには町民同士の温かな交流が生まれていた。震災によって多くのものを失った人々が図書館に求めていたのは，このことだったのではないか。全員が臨時職員で図書館業務の難しいスキルは身につけていないが，震災から再び立ち上がろうとする人々の気持ちを，ささやかだが支え続けてきたことは間違いない。

震災後のがれきの町を走り，今はすっかりその姿を変えた町を走り続けているBMは，本とともに町民同士の連帯感を届け，故郷の再生への希望を届けてきたのではないか。それは2018年に新図書室が整備され，新しい女川へと生まれ変わろうとしている現在でも変わらず続いている。

（もとき　こういち　2018.8.20受理）

宮城県高校図書館の被害と学校司書たち

宮城県仙台西高等学校（元・宮城県仙台南高等学校） 学校司書 **佐藤まどか**

私たち宮城県内高校の学校司書は，宮城県学校図書館研究会（以下，宮高図研）司書部会を組織し，学校図書館の充実と自らの資質向上を目標として活動をしている。震災当時は組織改革の初年度で，「会」としては試行錯誤が続いていた。

1 県内高校図書館の被害状況

5月になり，高校図書館の被害状況を全県的に調査することとなった。先行して，石巻地区で被害状況がまとめられ，その項目に一部追加して全県的な調査を行った。調査項目は図書館の被害状況を施設，書架・備品，蔵書に分けて，図書館関係者の人的被害の有無，支援希望の有無，他校への支援の可否，調査時点までの復旧状況を尋ねた。

学校が津波の被害を受けたのは7校，うち校舎が使えないのは4校，図書館まで浸水したのは1校だった。津波の被害に目が向きがちだが，揺れの被害も小さくはない。地震で校舎が使えなくなり，建替えや修繕工事が必要な学校もあった。全県的に，壁にヒビや穴が生じたところも多く，天井・照明器具の被害も目立つ。書架の転倒も多く見られ，中には固定金具やアンカーが壊れて倒れたところもある。天井を通っている配水管が破損し，図書が水浸しになる被害も数校あった。地震による被害は，各校が立地する地盤や図書館の位置によって大きな差が出ている。

支援希望の学校には，学校から宮高図研に要請し，宮高図研が同地区の学校司書の派遣を依頼するという手順で，修繕工事後の引越しに際し配架作業などを支援した。また，被害調査と並行して，司書部会の広報誌にそれぞれの被災体験を寄せてもらうことも行った。起こったことの共有化は一人職種であっても「独り」ではないと勇気づけられた。

心残りは，復旧作業を「支援」ではなく，近隣の学校司書数人でチームを組み，所属する数校を「共同」で整理できるよう，宮高図研を通じ各校に働きかけることに思いがいたらなかった点だ。3月から4月にかけて，多くは学校司書が一人で黙々と散乱した図書を書架に戻す日々だった。退職した学校司書の手伝いを得られた学校もあるが，チームで作業する態勢を整えられていれば，効率もよかっただろうし精神的な面でも心強かったのにと反省する。もっともこれは今だから言えるのかもしれない。

1年後，被害の復旧状況を調査した。大きな工事が必要な被害は順番待ち，使用に影響がないと判断された個所は放置状態であった。備品は災害復旧予算や，種々の支援金および教育基金によって復旧できたものが多かった。

2 学校司書の力を支援に —— 東松島市立小中学校図書館整備ボランティア

多方面から復旧支援や寄贈，研究大会への参加補助など助力をいただいた私たちであるが，東松島市の小・中学校の図書館整備では支援も行った。

日本図書館協会学校図書館部会から，地元の学校司書もボランティアとして参加しないかとお誘いがあった。7月下旬から始まる事業とのことで，親組織である宮高図研の会長と相談し，「職員・司書研修会」で，ボランティア募集がある旨の呼びかけを行った。当初，連続2日以上の参加が条件だったが，参加しにくくなることが懸念され，東松島市と相談し日数は問わないこととした。10人の学校司書が延べ34日，東松島市の小・中学校に出向き，寄贈された本の整理などを行った。

さらに，翌年以降も石巻地区の学校司書が3年にわたり継続して，東松島市の小・中学校図書館を支援した。

（さとう　まどか　2018.7.31 受理）

大震災と学校司書の想いと

元・宮城県石巻西高等学校　学校司書　**阿部洋子**

もう９年，まだ９年――。その時私は，どのような思いでこの震災を振り返るのだろう。今は，当時の自分の「想い」を，未来の自分へ，そして見知らぬ図書館員たちへ届けたいと思う。

金曜日の午後の高校図書館。当時，石巻工業高校に勤務していた私は，とにかく，「のどかだなあ」と思ったことは忘れない。そこへ襲った尋常ではない揺れに，「倒壊」のふた文字が浮かんだが，コンクリートの強度に感謝した。身体ひとつ非常階段をやっと降りた。後でさんざん取りざたされることになるが，持ち去るものは「命ひとつ」でよかった。

津波で水没した校舎での３日間と避難所での生活は，いくら紙面があっても伝えることは困難だ。ここまでの非常事態に遭遇するとは夢にも思っていなかった。正常性バイアスの恐ろしさを知ったと同時に，その後は，鈍感になることで精神が守られたとも言えた。前例や過去の経験はじゃまだった。

そのような中で，図書館員だからこその忘れられない場面を伝えたい。

①地域の避難者から防寒用として新聞紙提供を求められた時，もうないと返答したら「ここにある」と言われたのが，保存期限内の新聞だった。私の目に映ったものは資料としての新聞だったと気づく。もちろん，すべて提供した。

②廊下に絵本を含む読み物を並べ，自由に閲覧してもらった。読みに来る避難者がたくさんいたが，私は仮設住宅に移るまで，どんなに時間があっても読書ができなかった。人それぞれの精神作用の相違を感じた。一方，復旧後につくった「震災コーナー」の資料を利用する生徒は今でも少ない。

③上部を連結しただけの書架はほとんどが壊れ，しばらく段ボール箱で対応した。津波により校内設備が壊滅状態だったので，書架に予算が回ってくるのはいつになるのか，図書館復旧の目処が見えてこなかった。後日知った，日本図書館協会や各団体からの図書館への支援が心底ありがたかった。

④日常，学校司書の発言力は弱い。でも，非常事態では考えたことを臆せず

震災当日の閲覧室

復旧後の閲覧室

意見している自分がいた。人命の前には校長も教員も学校司書もなかった。⑤自宅も家業の設備も全流失していた私は，校地も校舎も泥や瓦礫にまみれ，これを片づけないことには館内の復旧に心が向かなかった。私の様子を見かねて，図書部長が図書館の復旧を始めよう，と声をかけてくれた。日本図書館協会に電話をかけてくれ，文部科学省主催の「子どもの学び支援ポータルサイト」で全国的な支援があることを知り，私もやっと図書館復旧に心を向けることができた。また，仕事や所用以外で仮設住宅から出ることがためらわれるようになっていたが，依頼をいやいや受けた東京での「読書の集い」

で震災関連の報告をしたことで，少しふっきれるものがあった。

⑥当時 16 歳の息子の消息だけが 1 週間ほどつかめず，半ば諦めかけていた。その時，身近にいる生徒を支えたことが実は自分を支えていたのだと後で気づいた。息子と再会した時には，望むことは他に何もないと思った。

身の回りの復旧を果たした今思うことは，「火事場の馬鹿力」で何とか乗り切ったという事実だ。そう長く持続することはできない。私は 2018 年度で定年となり学校図書館を去るが，人々を図書館はどのように支援できるのか，自らの心の傷を癒やしながら，ゆっくり追求していきたいと思う。

（あべ　ようこ　2018.7.26 受理）

◆ほしい物リスト

被災して困っている人が必要としている時に必要な量の支援をすることは，簡単なようで難しく，過多や過少になりがちです。その中で，インターネット通販の Amazon は被災者や被災地の復興支援を目的とした支援活動「たすけあおう Nippon」の中で，支援のマッチングの場として「ほしい物リスト（東日本大震災）」のサイトを設けました。仕組みはシンプルです。まず，登録団体（被災者）が欲しい物（支援希望）を買い物かごに入れ，星印の 5 段階の優先度選択と必要な理由を入力して登録公開します。支援者はその内容を見て支援をしたいと思ったら，購入ボタンを選択し購入手続きをします。すると，数日後には登録団体（被災者）に届けられます。支援を希望する被災者に，必要な物が必要なだけ宅配で届く仕組みです。さまざまな団体が登録し，東松島市図書館も活用しました。

（よ）

福島県

■福島県内公共図書館等被害状況

●現在の状況　a：ほぼ震災前の状況，b: 可能な範囲で業務を再開，c: 休館中(図書館関係業務を行っている)，
d：休館中(図書館業務は行っていない)

●職員の勤務態勢　a：震災前同様，図書館業務に専念，b：一部職員が復興業務等，
c：図書館業務には就いていない

館名	被害状況				現在の状況	職員の勤務体制
	人的	建物・設備	資料	休館期間		
福島県立図書館	なし	ガラス面(壁)，天井，地盤	落下散乱約8割	3/12～7/15	b 公開図書室使用不可	a
福島市立図書館	なし	壁，窓ガラス，書架	落下散乱約7割	3/12～4/2	a 西口ライブラリー・子どもライブラリーも通常開館	a
二本松市立二本松図書館	なし	照明器具破損3か所	落下散乱1割	3/12～15	a 新聞・インターネットは休館中も開放／岩代図書館も通常開館	a
伊達市立図書館	なし	防炎用ガラス破損散乱	落下散乱	3/12～25	a 9/26～11/3工事臨時休館	a
郡山市中央図書館	なし	基礎，壁，床，窓ガラス，設備	落下散乱約8割	3/12～H24.3(開館予定)	c 地域館33館通常開館	
須賀川市図書館	なし	壁，床，窓ガラス，設備	落下散乱10割	3/12～4/4	a 長沼図書館・岩瀬図書館も通常開館	a
田村市図書館	なし	子どもの部屋の強化ガラス2枚破損，壁にひび	落下散乱約5割	3/12～4/4	a 都路分館休館中(緊急時避難準備区域9/30解除)	a
白河市立図書館	なし	壁，窓ガラス(新館ガラス破損)	一部落下	3/12～7/23(7/24新館移転開館)	a 表郷・大信・東図書館も通常開館	a

館名	被害状況				現在の状況	職員の勤務体制
	人的	建物・設備	資料	休館期間		
会津若松市立会津図書館	なし	なし	落下散乱約１割，汚損破損数点	3/12～4/16（4/17新館移転開館）	a	a
喜多方市立図書館	なし	壁，窓ガラス	一部落下	3/12	a	a
相馬市図書館	なし	なし	落下散乱約２割	3/12～4/15	a	a
南相馬市立中央図書館	なし	なし	大分落下	3/12～8/8	b 鹿島図書館（12/6再開）／小高図書館休館中（警戒区域）	b
いわき市立いわき総合図書館	なし	壁，設備，照明，空調，書架（地区館）	落下散乱10割	3/12～5/29	a 地区館（5館）も通常開館	b
本宮市立しらさわ夢図書館	なし	床暖房設備	落下散乱５割	3/12～4/11	a	a
鏡石町図書館	なし	設備，地盤	落下散乱約９割，数十点使用不能	3/12～5/2	a	a
古殿町図書館	なし	なし	なし	3/12～4/9	a	a
三春町民図書館	なし	壁，窓ガラス	落下散乱１割弱	3/12～13	a	a
小野町ふるさと文化の館	なし	複合施設の一部損壊	落下散乱２割	3/12～25	a	a
矢吹町図書館	なし	壁，設備（書架倒壊，蛍光灯破損），地盤	落下散乱約9割，汚損破損約１割	3/12～4/25	a	a
泉崎図書館	なし	壁，設備	落下散乱９割	3/12～23	a	a
棚倉町立図書館	なし	窓ガラス，屋根・壁にひび	落下散乱約５割	3/12～5/16	a	a
矢祭もったいない図書館	なし	設備	落下散乱約５割	3/12～19	a	a

館名	被害状況				現在の状況	職員の勤務体制
	人的	建物・設備	資料	休館期間		
塙町立図書館	なし	なし	落下散乱 約９割	3/12 ～ 31	a	a
鮫川村図書館	なし	余震により 館内の 階段が破損	なし	3/12 ～ 4/1	b 民俗資料館で 仮移転開館 (移転のため 4/12～18休館)	a
南会津町図書館	なし	なし	一部落下	なし	a	a
新地町図書館	なし	壁，床， 窓ガラス， 設備，地盤	落下散乱 10割	3/12 ～ 7/12	b 図書室利用不可 のため，館内研 修室で仮開館	a
富岡町図書館	なし	壁，設備， 天井	落下散乱 10割， 湿気により カビ発生	3/12 ～ (休館中)	d 警戒区域内 (郡山市へ避難)	c
大熊町図書館	なし	詳細は不明	詳細は不明 (ほとんど 落下)	3/12 ～ (休館中)	d 警戒区域内 (会津若松市へ 避難)	c
双葉町図書館	なし	詳細は不明	落下散乱 約９割	3/12 ～ (休館中)	d 警戒区域内(埼 玉県加須市へ避 難)	c 他業務を 行いつつ 避難所の 図書整理
浪江町図書館	なし	なし	落下散乱 約６割	3/12 ～ (休館中)	d 警戒区域内(二 本松市へ避難)	c
クローバー 子供図書館(私立)	なし	なし	落下散乱 約９割	3/12 ～ 21	a	a
桑折町中央公民館	なし	壁	落下散乱 ２割	なし	a	a
国見町観月台文化セ ンター	なし	文化セン ター施設の 一部損壊	落下散乱 ５割	3/12 ～ 4/24	a	a
川俣町中央公民館	なし	設備	落下散乱 ９割	なし	a	a

館名	被害状況				現在の状況	職員の勤務体制
	人的	建物・設備	資料	休館期間		
大玉村歴史民俗資料館(あだたらふるさとホール)	なし	なし	落下散乱3割	なし	a	a
天栄村生涯学習センター(文化の森てんえい)	なし	外部ひび,亀裂,内部壁剥離,照明落下	散乱	3/12～5/15	a	a
石川町中央公民館	なし	一部損壊	散乱	なし	a	a
玉川村公民館	なし	なし	散乱	なし	a	a
平田村中央公民館	なし	一部損壊	一部散乱	3/12～4/13	a	a
浅川町中央公民館	なし	なし	散乱	3/12～5/8	a	a
西郷村中央公民館	なし	窓ガラス	2連落下散乱	3/12～5/31	a	a
中島村生涯学習センター輝ら里	なし	壁,設備(エアコン,空調設備)	落下散乱8割	3/12～4/26	a	a
北塩原村教育委員会	なし	なし	なし	なし	a	a
西会津中学校図書館	なし	なし	なし	なし	a	a
磐梯町中央公民館	なし	なし	なし	なし	a	a
猪苗代町公民館	なし	壁	落下散乱1割	3/12～4/8	b 震災と老朽化のため,仮設図書室(猪苗代体験交流館内)で運営	a
会津坂下町中央公民館	なし	なし	一部落下	なし	a	a
湯川村公民館	なし	なし	なし	なし	a	a
柳津町中央公民館	なし	なし	落下散乱3割	なし	a	a
会津美里町公民館	なし	なし	なし	なし	a	a
三島町公民館	なし	なし	なし	なし	a	a

館名	被害状況				現在の状況	職員の勤務体制
	人的	建物・設備	資料	休館期間		
金山町中央公民館	なし	なし	なし	なし	a	a
昭和村公民館	なし	なし	なし	なし	a	a
グリーンプラザ(田沼文蔵記念館)	なし	なし	一部落下	なし	a	a
檜枝岐村公民館	なし	なし	なし	なし	a	a
只見町教育委員会	なし	なし	なし	なし	a	a
飯館村公民館	なし	壁，床	落下散乱約5割	3/12～(休館中)	d 計画的避難区域(福島市飯野地区へ避難)	c
広野町図書室	なし	なし	大部分落下散乱,一部破損	3/12～6/1	b 緊急時避難準備区域(9/30解除,いわき市へ避難)	a
楢葉町コミュニティセンター	なし	詳細不明	詳細は不明(大部分落下)	3/12～(休館中)	d 警戒区域内(会津美里町へ避難)	c
川内村公民館	なし	詳細不明	詳細は不明(落下)	3/12～(休館中)	d 緊急避難準備区域(9/30解除,郡山市に避難)	c
葛尾村公民館	なし	詳細不明	詳細は不明	3/12～(休館中)	d 緊急時避難準備区域(9/30解除,三春町に避難)	c
福島県議会図書室	なし	壁,窓ガラス,設備	落下散乱約5割	3/12～5/16	b	a
福島県点字図書館	なし	壁,窓ガラス	落下散乱約4割	なし	a	a
福島県男女共生センター	なし	なし	なし	3/12～4/11	a	a

出典：「東日本大震災における被害状況一覧表」『図書館年鑑 2012』日本図書館協会，2012，p.346-348

原典：福島県立図書館「東日本大震災における福島県内被害状況」(2011.11.30)

福島県立図書館職員として震災体験に思うこと

福島県立図書館　専門司書　**吉田和紀**

1 3月11日に思う

尋常ではない揺れの中，隣接する開架フロアに目を向けたとき，天井から降り落ちる埃の先に，建物壁面を構成する強化ガラス（幅2.5m×高さ5m）の1枚が一瞬白く変色するのが見えた。割れたことを直感した。只事ではない状況を視認するとともに，直下の閲覧机にいる利用者の安否確認へと走ったことを覚えている。

強化ガラスの損壊（6枚）に加え，高さ5mの天井から揺れ落ちる空調部品（5kg）が60個以上あったにもかかわらず，人的被害が軽症者1名に止まった最大の要因は，職員の積極的「声掛け」だったと思っている。当然の行為ではあるが，日頃からの繰り返しがなければ咄嗟にできることでもない。その意味で，当館職員の行動は勇気あるものであったと評価できる。加えて，これより2日前，三陸沖を震源とするかなり大きな地震があった。そのとき，1人の職員が発した「天井から聞いたことのない軋み音がした」という言葉は，怪異な記憶として，多くの職員の意識に残っていたことも功を奏した。

全員の屋外退避が完了した後，1つの課題が残されたと感じている。図書館自体の被害も大きく余震も続いていたことから，結果として様子見の状態が続き，利用者・職員ともに不安は増大したことである。その時点での，これからの動きについてのアナウンス（情報）は明確にあるべきであった。

2 復旧の中で

翌日からは，自館の復旧作業に着手するとともに，県内関係施設の状況確認と，支援体制の構築に取り組んでいったが，県職員として，避難所運営のための派遣業務にも対応することとなった。私も8月までに5か所に赴くことになる。避難所には図書も置かれていたが，それらに時間を費やすという環境ではなかった。ただ，子どもたち（特に就学前）に目を向けると，「絵本」は間違いなくライフラインであったように記憶している。

当館の電源が回復した3月15日，すべての関係施設に電話をかけ，被災状況を当館ホームページにアップした。また，生活情報を中心とした関係リンク集も作成し掲載した。当館再開後，役に立ったとの声を複数もらったときは，図書館としての使命を果たせた気分となった。

被災地支援への取り組みとしては，移動図書館車用資料（約5万冊）の排架作業を4日間で完了させ，3月16日には資料貸出について各自治体に通知をした。受入側の体制もあることから，避難自治体の仮設学校を中心に活用されていったが，現在でもまだ，この支援事業が続いているということに，災害の大きさを感じることができる。

3 今に思う

震災から8年6か月が経過した。原子力発電所事故災害という特殊な環境にある福島県においては，未だ3つの図書館が再開していない。具体的な方向性が見えない中では，必要な支援協力についてもわからないというのが実情である。県立図書館職員としての立場において，双葉・大熊・浪江3町の窓口として，日本図書館協会等との連携を絶やさないことが最大の責務と感じている。震災後，県立図書館の動きについて言及されることもあった。その中で，福島県立はその役割を果たしていないとの声も囁かれた。これからが，その役割を果たす時と捉えている。

近年，図書館はコミュニティ形成の中核的施設と言われるが，図書館を震災後の自治体復興に当てはめてみた時，やはり町があっての図書館という感が拭えないのは残念である。町の再興があり，人々の生活が戻り，初めて図書館の必要性が求められているような気がする。2018年4月に富岡町図書館が再開した。富岡町は，原発事故に伴う全町避難の町であり，現在でも住民帰還率は決して高くはないが，図書施設としての役割に加え，住民の「場」としての存在を十分に示してくれていることに，図書館人として喜びを感じている。

（よしだ　かずのり　2019.8.18受理）

◆福島県の図書館を考えるシンポジウム

2012年11月10日，福島県立図書館を会場に，「福島県の図書館を考えるシンポジウム」（日本図書館協会主催）が開催されました。日本図書館協会・東日本大震災対策委員の方に，「（避難先にいる）図書館の人たちに会いたい」と話したことがきっかけで実現しました。当時，避難区域となった地域の図書館の司書たちは，避難先の業務に従事していました。シンポジウムでは，午前に松岡要さんによる講演「東日本大震災と図書館 ―原発との関連で考える」があり，午後には，避難区域となっている図書館で，図書館活動に尽力されていた風間真由美さん（大熊町），北崎周子さん（双葉町），屋中茂夫さん（浪江町），菅野佳子さん（富岡町）による，震災前の図書館の概要と，震災時，そして震災後からシンポジウム時点までの状況についての報告がありました。その後に行われたパネルディスカッションでは，司書の専門性，支援図書の扱い，除染の方法等についての問題提起や，原発事故を風化させてはならないという意見，避難者が避難先での図書館利用がスムーズにできるようにしてほしい，何年か先に図書館が再開できるようになった時に手を差し伸べることができるようにしてほしいとの要望がありました。このシンポジウムの開催により，震災後に避難先で図書館業務ではない自治体の仕事に従事していた司書たちに会い，話を聞くことができました。さまざまな事情を抱えた司書たちの話を公式に聞くことができた貴重な機会でした。会場には，福島県内各地から，図書館員たちが参集しました。このシンポジウムは，避難区域となった図書館の図書館員たちの話を聞くだけでなく，福島の図書館員たちが再会することができた「場」でもあったのです。（し）

参考：日図協HP，東日本大震災について > 被災地支援レポート > レポート4

震災後の１年

郡山市中央図書館　主査　山崎綾子

2011（平成 23）年 3 月 11 日午後 2 時 46 分に発生した東日本大震災により，郡山市では，震度 6 弱を観測し，市内各地で建物や塀が倒壊し，道路の亀裂や断水などが発生し，市役所本庁舎をはじめ，多くの公共施設でも甚大な被害を受けました。

地上 3 階・地下 1 階の中央図書館は，正面玄関前の地面に亀裂が走り，外壁・内壁・梁・床は剥離や亀裂，ガラスは割れ，天井・タイルは落下，受水槽・空調設備・照明は破損と，ありとあらゆるところが被害を受けました。もちろん，床には歩く場所がなくなるほど本が散乱し，特に重い本が多かった 2 階参考調査室の書架は全壊しました。

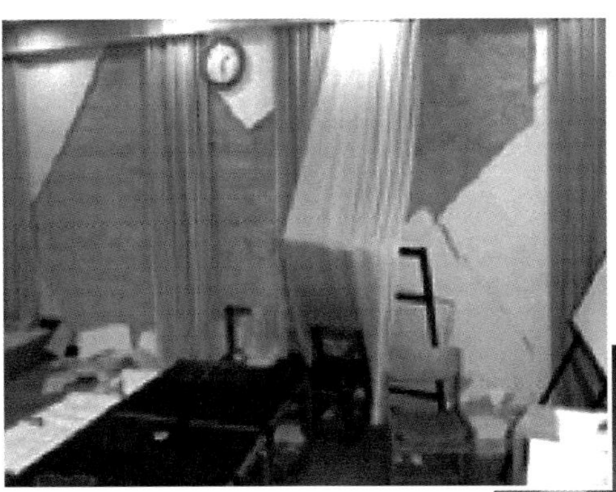

震災直後の 1 階おはなし会室

室震災直後の 2 階参考図書書架

震災翌日，早朝から図書館の職員全員，開成山（かいせいざん）野球場に設置された郡山市災害対策本部に召集され，数日間は炊き出し，物資配達等に従事し，その後は市役所北側の郡山市総合福祉センターに設置された避難所での24時間交代勤務となりました。

不幸中の幸いで，地域館3館と中央図書館の8つの分館は，比較的ダメージが少なく，壊れた個所を修繕して約2か月後には再開館することができましたが，中央図書館は開館できる状況ではないので，奉仕係は避難所閉鎖後，開成山公園隣接の「ミューカルがくと館」に設置された災害対策本部に召集され，罹災証明書発行業務に従事しました。

中央図書館が休館中でも，できるだけ市民の方にご不便をおかけしないように，地域図書館等の再開館に際しては，休館中の中央図書館の蔵書も含めた郡山市図書館全館の資料を，インターネットや利用者端末に公開して，蔵書検索や予約ができるようにしました。予想はしていたことですが，再開館当日から多くの予約が中央図書館所蔵の本に付き，多いときで1日400件を超えました。

休館中，図書館の仕事は，主に奉仕係長と5人の臨時職員，5人の嘱託職員で行っていました。当時奉仕係長であった私は，一般書の選定，発注，受入を行い，臨時職員は毎日他館からの多数の予約本を探しては各館に送り，戻ってきた本をまた書架に戻すという作業に明け暮れました。また，この時とばかりに，数年前から曝書期間がなくなり溜まっていた本の整理を行い，再開館に備えました。

館内では全員が，万が一，何があってもわかるように，名前を入れたヘルメットを被り，割れた窓には段ボールで覆いをし，冷暖房もない館内で夏は首にタオルを，冬は外套，帽子，手袋，マフラーと，まるで工事現場の作業員のごとくの格好で仕事をしていました。

震災から数か月後の梅雨の夕方，雨が降った数時間後に地下の閉架書庫から水音が聞こえ，何事かと音のする一番奥に駆けつけると，1階正面玄関前地面の亀裂から入り込んだ雨が地下で滝のように壁から流れ，床には水が溢れていました。玄関の地面や書架をビニールシートで覆うとともに排水し，段ボールを床に敷き詰め扇風機で乾燥作業をしたりと，後処理が大変でした。

罹災証明書発行業務に駆り出された職員は，その業務の合間をぬって児童書や参考図書の選定，発注，受入を行ったり，近くの公共施設を会場に角野栄子先生の講演会やリサイクルブックフェアを開催しました。嘱託職員は近くの公共施設や地域図書館を会場に出張映画会を行って好評を博し，次年度からの地域図書館での通常映画会の礎になりました。

中央図書館は，カウンターでの仕事自体はできませんでしたが，職員全員でできる限りの図書館サービスに努めました。原状回復工事を行って，中央図書館が再開館できたのは，約1年後の2012年3月10日でした。

約1年間の休館でしたが，ありがたいことに休館のクレームより，図書館は大丈夫ですか，と多くの方に励ましのお声をかけていただきました。休館中は，被災状況の写真や工事の様子を逐一インターネットで公開したり，市民の多くが訪れた罹災証明書発行窓口では，図書館職員が毎日従事しておりました。これらの行動によって，利用者は図書館をとりまく状況を知ることができ，結果として図書館の休館を納得してもらうことができたのだと思います。

皆で考え，力を合わせた努力の1年間でした。

（やまざき　あやこ　2018.9.30 受理）

◆被災地の相互貸借

震災後，勤務地にある市立図書館や県立図書館が被災して，開館できない時期がありました。当時，高校図書館に勤めていた私は，生徒や教員だけでなく，生徒の保護者からも本を借りたいという依頼を受けました。県立図書館のホームページで県内公立図書館の開館状況（被災情報）を確認し，開館している他市の図書館や大学図書館から本を借りて提供し，市内の図書館や県立図書館以外からも，生徒や教員が「読みたい」「調べたい」という本を借り，手渡すことができました。 （し）

もう7年，まだ7年。困難の時だからこそ，図書館は力を発揮できる

元・田村市図書館　館長　**橋本裕子**

1 大きな災害は来ないという根拠のない安全神話

私が住んでいる福島県田村市は，海からも火山からも遠く，過去にさまざまな大災害に見舞われたという記録も伝承もなかったことから，多くの住民は，地震に対して「阿武隈山系は地盤が堅固だから大丈夫」という根拠のない安全神話を信じており，最大震度5強という揺れに住民のほとんどが経験したことがなく，立つこともできない強い揺れに対しあまりにも無防備でした。

2 山を挟んですぐ隣町に原発があった

原子力発電所（原発）立地自治体に隣接していたにもかかわらず，その実態や危険性についてあまりにも無関心で，しかも知る努力を怠ってきた私たち。福島第一原子力発電所の爆発が起きても，まだ他人事で，繰り返し起こる強い余震におびえている人々がほとんどだったと思います。

3 原発事故発生後の避難者受入，そして被災者となった私たち

原発事故の発生に伴い原発立地の居住者への避難指示が出され，当市でも積極的に避難者受入の協力体制がしかれ，公共施設が開放されました。ところが，3月12日になって避難指示の範囲が原発から20km圏内へと拡大されたことにより，思いがけず被災の当事者となった後の混乱と不安は日に日に大きくなっていきました。

4 図書館が避難所に？

2011年3月11日の地震発生当時，田村市図書館（本館）は旧市役所本庁舎に隣接していて，敷地は広域避難区域になっていましたが，建物自体は指

定避難所ではありませんでした。隣の市役所が地区の避難所になっていたのですが，昭和30年代に建てられた建屋は木造モルタル造りで，大きな揺れでサッシのガラスが割れたり，壁にひびが入ったりで，決して避難所として適しているとはいえない状況でした。そのため近隣住民約30人が，鉄筋コンクリート造りの図書館に自主的に避難してきたのです。

3月とはいえ，朝晩はかなり冷え込む日もあり，当日も夕方にはかなり冷えてきました。避難経路を確保するため，玄関のドアは開け放したままでしたので，夜気と寒風が吹きこんでかなりの寒さでしたが，避難してきた人たちは落ち着いて待機してくれました。

何より助かったのは，水道管に亀裂が入って漏水したものの，トイレが使え，停電しなかったので暖房を切らさずに済んだことでした。

市役所からの指示で，船引（ふねひき）地区の正式な指定避難所となっている公民館への避難者の輸送が始まったのは午後7時過ぎ，最後の避難者が退館したのは8時を過ぎていました。

5 図書館の被害状況

図書館自体の被害状況は，1階西側の児童閲覧室絵本架の絵本が窓ガラスを直撃し，厚さ10mmの窓ガラスが2枚割れてしまったことです。日中は日射しもありましたが，夕方になると風が強くなり，雪も降ってきたため，とりあえず割れた個所を塞がなくてはなりません。当時，職員，スタッフは全員女性でしたが，市役所や教育委員会も被害状況確認で手一杯で，協力を仰ぐわけにはいかず，その頃には，原発事故による放射能拡散の報道が出されており，若い職員，スタッフを長時間外に出すわけにはいきませんでしたので，40歳以上の館員が対応に当たりました。ブルーシートを貼り付けるのにも風で煽られ，寒さのためガムテープの粘着力が落ちて，貼り終えるころには3人ともすっかり身体が冷えて大変でした。

その他の建物の被害状況は，広範囲の壁に大小のクラックが入り，2階へと階段を上るときに一瞬めまいを感じるようなゆがみができてしまいました。駐車場にも大小の亀裂が入り水道管が破損し，大量の漏水が起こりました。

閲覧室の資料の落下はほとんどありませんでしたが，1階書庫の集密書架では，片側にかかった圧力でハンドルを動かすたびに大量の資料が落下し，揺れがいかに大きかったかを思い知らされました。

6 休館している間に何ができるか，何をすべきなのか？

無我夢中で過ぎた1週間。利用者の安全を最優先に，まずは割れたガラスが修繕できるまで当面休館することになりました。この期間に何をなすべきなのか？　手探りの毎日，再開した時に備えて安全性優先のレイアウトにするため，低書架の上に乗せていた絵本架用カラーボックスを閲覧室中央のブラウジングコーナーに移動し，開架書架の棚板に滑り止め用として2.5cm幅の指先用テーピングテープ（片面に糊，表面がざらついており，極力資料に糊の影響を及ぼさない）を1段目から3段目まで貼り付けました。震災後専用の落下防止用の製品が開発されましたが，安価で応急処置としてはかなり効果があり，今でも効果が持続しています。

余震や放射線量の数値に振り回されながら約1か月。「いつ再開するのか？」が次の大きな命題になりました。建物自体と利用者の安全性の確保の判断が難しかったのです。休館して10日を過ぎた頃から利用者の問い合わせが来るようになりました。テレビでは震災の被害状況や原発事故の報道が毎日繰り返され，不安をかかえながらも少しずつ日常を取り戻している人たちは，読書を再開する気持ちになっていたのでしょう。内部で検討し熟慮の上で4月16日，1階のみの部分開館に踏み切ることになりました。

さらに，休館中に避難所へ図書の貸出を始めました。選書の方針として腐心したのは，できるだけ新しくてきれいな本を，少しでも心が休まる内容の本を，色使いが美しく温かみのある本を，特に子どもたちが非日常的な毎日を楽しくやすらぎを感じられる本を選ぶことでした。避難所では，読書好きな人たちが自主的に管理を行ってくださいました。

7 困難の時だからこそ図書館は力を発揮できる

「再開待ってたよ！」，1階だけの部分開館であっても常連の利用者が次々と来館してくれました。その笑顔に無我夢中で過ぎたひと月が報われた気がしました。中には，被ばくを少しでも避けるためにフードをかぶり，マスク，ゴーグルを着用し完全防御で来てくれた人もいて，そこまでしても図書館に来ることが日常となっていた人々にどれだけ勇気づけられたことか。「辛さも不安も本を読んでいる時だけは忘れられるから……」図書館の力を再確認できた大切な言葉になりました。

（はしもと　ゆうこ　2018.7.27 受理）

南相馬市立図書館での震災体験について

南相馬市立中央図書館 **齋藤亜記子**

1 はじめに

2009（平成 21）年 12 月 12 日に開館した南相馬市立中央図書館は，2019（令和元）年に開館 10 周年を迎えました。開館して 1 年 3 か月後に「震災」という未曽有の体験をした図書館ですが，市民とともに発展してきた中央図書館の震災後の軌跡をたどります。

2 震災後の状況について

2011（平成 23）年 3 月 11 日，東日本大震災の発生により，南相馬市立図書館は，中央図書館・小高図書館・鹿島図書館の 3 館すべて，震災当日から避難所となり，臨時休館となりました。

全館とも，人的被害はなく，中央図書館・鹿島図書館では建物被害もありませんでした。しかし，地震による図書等の資料の落下があり，直ちに資料を棚に戻すための書架整理を行いました。

また，小高図書館では，棚が地震の影響で倒れてしまい，開架図書の約 8 割が書架から落下しました。直後の原発事故により，図書館の復旧作業が遅れてしまったため，落下資料の傷みが激しく，除籍の措置をしました。

さらに震災後，職員は災害対応が優先されたため，組織の枠を越えて図書館職員も他部署へ派遣されて，さまざまな災害業務にあたっていました。

市民は，原発事故の影響で放射線量のこともあり，屋外活動が制限されていました。そのような状況もあって，早期に図書館再開を望む市民の声が多く寄せられ，なかでも，中央図書館建設当初から図書館活動にご協力・ご支援をいただいている図書館友の会「としょかんの TOMO みなみそうま」から，5 月 28 日に教育長，5 月 29 日には市長・副市長に対して，図書館再開の陳情をしていただきました。

震災で倒れた小高図書館の書架

その後，「としょかんのTOMOみなみそうま」を中心に市民団体の協力も得て，中央図書館が再開できたのは，震災から5か月が経過した8月9日でした。しかしながら，再開直前の7月には人事異動があり，職員不足のまま館長，正職員1名，嘱託職員6名，パート職員3名で再開しました。開館時間は，午前10時から午後5時まで，毎週月曜日は休館という暫定的な対応となりました。

12月には鹿島図書館，および中央図書館の複合施設である市民情報交流センターを再開し，2015（平成27）年4月には，中央図書館の開館時間を午前9時30分に戻し，平日（火曜日〜金曜日）は，閉館時間を午後8時にしました。

2016（平成28）年7月には，避難指示区域の解除に合わせて，小高図書館も再開館しました。

3 震災後の中央図書館の取り組み

中央図書館におけるフルタイムの職員（正職員･嘱託職員）は18名（2019年現在）で，全員が司書資格を持っています。震災以降は，職員の入れ替えはありましたが，開館当初から，維持されていて，司書の専門性を生かした選書や企画展示等を行っています。JR原ノ町駅前の施設なので，市外の方々も頻繁に来館されます。「素敵な図書館ですね」「読んでみたい本が置いてあり，利用したい」などと，貸出カウンターで声をかけていただくことも多く，利用者の心をつかむ本棚づくりを目指しています。

震災・原発事故コーナー

移動図書館での巡回の様子

また，東日本大震災や東京電力福島第一原子力発電所事故に関する資料を後世に伝え，復興に役立てるために収集と保存に取り組んでいます。そのため，震災直後から資料収集を開始し，約 3,000 点の資料をそろえています。また，地域で発行された印刷物，避難所の手記などは広報等で寄贈を呼びかけています。チラシやパンフレット類等は常備し，利用者が自由に持ち帰れるように設置しています。

震災後，被災者支援活動を行っていた公益社団法人シャンティ国際ボランティア会から市に対し，2016（平成 28）年 2 月に，移動図書館車の寄贈をしていただきました。

5 月から，移動図書館車を運行し，図書館に足を運ぶことができない市民のために，資料や情報を提供しています。火曜日から金曜日までの週 4 日，図書館職員（司書）と運転手（委託）2名で，災害公営住宅や幼稚園・保育園，生涯学習センターなどを定期的に巡回しています。

2012（平成24）年度には，中央図書館が学校図書館へ司書を派遣するというモデル事業を開始し，2014（平成26）年度からは，市内の小・中学校全校に週2日もしくは3日，学校図書館支援員（司書資格あり）を派遣しています。今後の目標として，専任の学校司書を配置できるよう計画を進めています。

また，子どもの読書活動の支援として，子ども読書週間や夏休み期間等に児童向けのイベント（毎日おはなし会，小学生司書講座など）も定期的に開催しています。

4 おわりに

中央図書館開館直後に「震災」という大きな災害を経験したことで，予想していた図書館としての歩みに変更が生じたのかもしれません。とはいえ，これまでの10年を振り返ると，市民とともに成長してきた図書館であり，今後も引き続き市民に必要とされる図書館を目指していきたいと思います。

（さいとう　あきこ　2020.1.7 受理）

◆避難所に図書館から届いた本

震災後，避難先の田村市（福島県）で避難所の運営をしていた大熊町図書館（福島県）の司書さんが，田村市図書館からの支援で届けられた本を見て，感銘を受けたという話を聞きました。その時やりたくてもできなかった園芸や，料理などの本は一切なく，目の前の現実以外の何かを考えられるような内容の本が届けられ，避難されている方々に喜ばれたそうです。後に，このことを田村市図書館長に伝えたところ，避難所に届けた本の選書について，「“死”を感じさせるような本は選ばなかった」と話してくれました。被災し，避難している人たちに届ける本の選書には，十分な心配りが必要なのだと思いました。そして，本のことをよく知り，人に深く共感することができる司書だからこそ，できた選書だと思いました。

全国各地から被災地へ本を届ける支援がありましたが，避難所の近くの公立図書館からも本の支援がありました。避難所となった高校では，高校の図書館からも避難所となった場所に本が届けられ，利用されていたという報告もあります。（し）

いわき市立図書館の使命
―― 避難指示区域の住民受入自治体における図書館サービスの変化

いわき市立いわき総合図書館　係長　**桑原久美**

1 はじめに

東日本大震災で最大震度6弱を記録したいわき市では，沿岸部の津波による被害も大きく，多くの尊い人命が失われた。それに加え，原発事故の発生が地震被害をより複雑なものにした。いわき市では，原発事故による避難指示区域からの避難者らを，多いときで約2万4000人受け入れている。被災地でありながら避難者を受け入れる，という複雑な状況下での図書館運営は前例がなく，試行錯誤の連続だった。

2 図書館再開に向けて

地震発生後，職員は避難所や安否確認窓口などの災害関係支援業務を優先しながら，落下した図書の整理や，破損資料の修理などを行った。

しかし，4月11日夕方に発生した震度6弱の余震で，書架に戻した本がすべて落下してしまう。翌12日にも大きな余震があり，3度目の落下。1日も早い開館に向けて，復旧作業を進めていた矢先のことだった。

市職員が避難所運営等を優先せざるを得ない中，並行して手のかかる復旧作業を着々と進めることができたのは，窓口委託会社スタッフの尽力によるものも大きい。

移動図書館は被害がなかったことから，5月2日，市北部を巡回する「いわき号」が運行を再開し，5月6日には，市南部を巡回する「しおかぜ」も再開した。

5月23日，市内の図書館でも比較的被害が少なかった勿来（なこそ），内郷（うちごう），四倉（よつくら）図書館が再開，5月30日には照明，空調の復旧工事が完了したいわき総合図書館が再開した。書架の転倒に加え，窓ガラスが破損するなど被害が大きかった小名浜（おなはま），常磐（じょうばん）図書館は6月20日に再開し，地震発生から3か月を経て，

2011 年 3 月 11 日直後のいわき総合図書館。本や照明は，ほとんどが落下した

4 階生活・文学のフロア

5 階いわき資料のフロア

5 階いわき資料のフロア

市内全館が通常業務に戻った。

3 震災後の図書館サービス展開

図書館の再開後は，仮設住宅への移動図書館巡回ステーションの増設，防災などをテーマにした講演会の開催，震災記録の展示など，震災の経験に基づいたサービスの展開を図った。さらに，津波や家屋倒壊による貸出資料の紛失も相次いだことから，被災資料の弁償免除を実施して，2018 年 9 月現在で 357 人 12 団体，約 1,400 点の弁償を免除し，被災者の経済的負担を軽減している。

震災関連資料の収集，保存にも力を入れており，2012 年 6 月には，いわき総合図書館に「東日本大震災いわき市復興ライブラリー」を開設した。2018 年 9 月末現在で 1,106 冊を所蔵し，震災，原発事故に関する資料や情報を提供している。中でも，市災害対策本部が地震直後から発表している「報道公式記録」は手書きのものを含め，時系列に並べて製本，保存しており，当時の緊迫した状況を伝える貴重な資料となっている。

震災記憶の風化も懸念されることから，2014 年 12 月には，いわき明星大学復興事業センターと共催で「東日本大震災　浜通りの記録と記憶アーカイブ写真展」を開催し，多くの市民が来場した。

4 避難者，災害復旧関係者への図書館サービス

本市では多くの避難者を受入れしていることから，震災後は利用者登録の要件緩和を行い，避難指示区域の方も利用できるようにした。また，復興工事で滞在している作業員やボランティアについても，事業所の設置場所や居住地などの要件を大幅に緩和し，滞在中に資料の貸出，AV ブースやインターネット端末などの機器を利用できるよう便宜を図っている。

5 おわりに

原発事故による相双地区からいわき市内への避難者は，2018 年 6 月現在で未だ約 2 万人に上るが[1]，市内の仮設住宅は撤去や集約が進み，津波で被災した市内沿岸地区では復興土地区画整理事業が完了した。復興の先を見据えた新しいまちづくりが進む中，いかに震災の記憶を後世に伝えていくかが課題となっている。今後も震災関連資料の収集，保存，提供を進め，震災記

憶の継承に努めていきたい。

（くわばら　くみ　2018.10.5 受理）

注：1）　いわき市災害対策本部「いわき市災害対策本部週報」（経過 637【いわき市対策本部】平成 30 年 9 月 26 日午後 5 時発表）

◆避難所のアンパンマン

震災から数日後，自宅近所の高校が避難所となり，手伝いに行ったときのことです。私は避難している子どもたちに絵本を読んであげたり，一緒に折り紙を折ったりしていました。アンパンマンのパズルをして遊んでいた時のことです。ちょうど最後の 1 ピース，アンパンマンのほっぺの部分がありませんでした。それに気づいた小さな子が「アンパンマンのほっぺがない」とぐずり始めたのです。すると，年長の子が「〔アンパンマンが〕誰かを助けてあげたんだよ」と言って，小さな子をなだめていました。アンパンマンは，困っている人がいるとどこにでも飛んで行って，アンパンでできた顔を食べさせ，助けてくれる子どもたちのヒーローです。年長の子といっても，まだ小学校低学年くらいでした。当時，ラジオではよく「アンパンマンのマーチ」が流れていました。子どもだけでなく大人も，その歌詞に励まされていたことを，当時の新聞記事が伝えています。（し）

参考：朝日新聞，2011 年 3 月 26 日

ガラス片除去
―― 地域のボランティアと遠隔地からの支援　みんなの思い

矢吹町図書館　館長補佐　**菊池秀子**

東日本大震災，大きく，長く，多方向からの揺れが何度も起こった。来館者への声かけと誘導。立っていられないほどの大きな揺れは，あらゆる場所へ被害をもたらした。

資料のほとんどは落下し床一面に散乱，文学コーナーの書架は将棋倒しとなり，すべて倒壊した。矢吹町の震度は6弱で，福島県の中でも矢吹町を含む3市町は激震地であったと後に発表された。幸いなことに，誰一人怪我をしなかったことだけが救いである。

文学コーナー書架倒壊(2011年3月11日)

1 被災し，本に付いたガラス片の除去について

文学コーナーの書架は，壁に固定の木枠付きスチール棚が2連，中央に上下組の木製書架4台，回転式の書架6台があった。多方向からの揺れで書架が壁から抜け，並ぶ書架を次々と倒した。その際，天井の蛍光管が器具ごと

落下し粉々に砕け，下にある資料に飛散した。蛍光管はガラスの厚さがとても薄く，細かく砕けた。

倒壊した書架の搬出，急を要する場所の修繕，資料を棚へ戻す作業が幾日も続く。その一方で，ガラス片混入の資料を分け段ボールに入れる。その数約 5,000 冊。

3 月 29 日，福島県立図書館へガラス片が混入した資料の除去方法を聞く。1 ページずつ刷毛で破片を落とすしかないとの答えに気が遠くなる。

職員，災害復旧協力者とともに除去作業を開始した。使い捨て手袋，マスク，エプロンを着用し，ガラス片が服や周囲に飛散しないよう段ボールに大きなビニールを被せ，その中で，資料を 1 ページずつ刷毛で払い落とす。特にページの綴じてある部分は丁寧に払う。次に表紙を除菌ペーパーで拭き，乾拭きをする。この作業を一連とし，繰り返し行う。袋に溜まるキラキラとした物が破片だと見てわかる。

中学生や町のボランティアが加わっての作業だったが，遅々として進まない。処理すべき資料の数，他の復旧作業，そして作業する人数……とにかく安全面と健康面を第一に考え，無理のないよう進めた。

6 月 10 日，日本図書館協会施設委員会の委員 3 人が県立図書館から当館のことを聞き，被災状況確認に来館した。ガラス片除去については何日かかるかが課題であり，今後の支援については戻り次第検討するとのお話をいただいた。

6 月 30 日，泊まりがけで 10 人の方が支援に訪れた。東京，千葉，遠くは岡山から駆けつけてくださった。このための交通費や作業の道具等，すべて準備を整えての来館。被災しただけでも大変なのに，被災者の手を煩わせてはならないからとのことであった。狭い場所での単純作業が大変であったことは間違いない。10 人が 2 日かけてもまだ残る資料の山に，今後の支援についてもいくつか提案していただいた。その中から私たちは，東京へ資料を運び，除去作業後に戻していただく案をお願いした。

9 月 4 日，2,001 冊，段ボール 57 箱の資料が東京へ向かった。NPO 法人共同保存図書館・多摩の方々を中心とし，このために募集したボランティア（延べ人数約 200 人，実人数 80 人）の方と作業を進める。作業場所は，日本図書館協会会員の方の事務所の一室を借用した。途中から参加した人も同じ作業ができるように，皆でルールを決めながら進めた。その一つは，除去

図書館の方々からの支援(2011年6月30日)

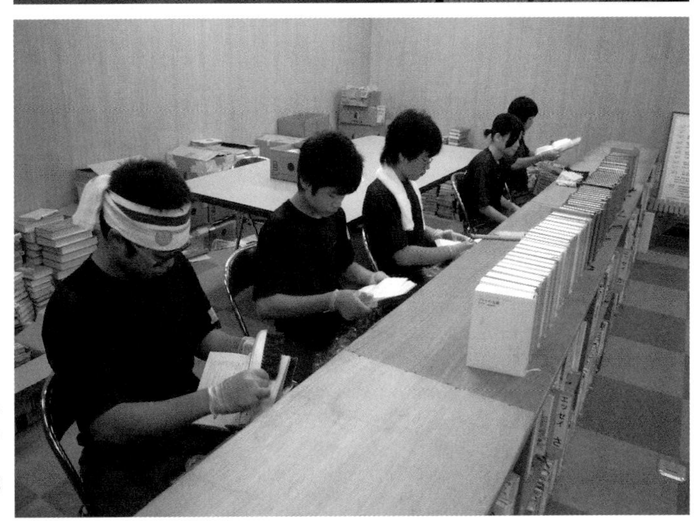

矢吹中学校ボランティアによるガラス片除去作業(2011年7月13日)

前の資料を入れたビニール袋は，作業後戻す時に裏返してから入れるということ。作業に携わる方々の工夫やあたたかい思い，また，「少しでも早く矢吹町に戻したい」という願いが随所に感じられた。

11月10日，予定よりも1か月早く，ガラス片除去作業を終えた資料が戻ってきた。

箱を開けるたびに，資料ごとの破損個所や汚れなど，細かく記されたメモが挟んである。作業された方の被災地への思いと，本に精通した図書館関係者が多かったことを感じる。

「被災地に行かなくても，支援はできるんだ！」ということが実証できたとうかがった時，支援の仕方や方法はたくさんあるということを実感した。

私たちは，復旧から復興へと進むことができた。それは，支援する方の震災に対する思いと実践する行動力，人と人とのつながり，個々の力が大きな支援の力へとつながったからである。

今，震災を振り返り，この経験を記録としてまとめ，伝えることで，今後に活かせることを願う。

（きくち　ひでこ　2018.9.28 受理）

◆移動図書館車の寄贈と運行

寄贈された移動図書館車が震災後に被災地で活躍しました。2011 年に気仙沼市（宮城県）へ三島市（静岡県）の移動図書館車「ジンタ号」が寄贈されたのを始め，2013 年には，矢吹町図書館（福島県）が新潟市（新潟県）から譲り受けた移動図書館車を「よむよむ号」として運行を開始しました。岩見沢市（北海道）から名取市（宮城県），東近江市（滋賀県）から陸前高田市（岩手県），角田市（宮城県）から南三陸町（宮城県）などへ移動図書館車が寄贈されました。

この他に，気仙沼市へは，こども環境フォーラム，日本ユネスコ協会連盟などから，飯舘村（福島県）には，豪日交流協会とオーストラリア・クイーンズランド州立アイロンサイド高校から移動図書館車が寄贈されました。

移動図書館車を運行には，積載する資料の継続的確保，メンテナンス費用の調達，運転手の確保など課題もあり，成立しなかった事例も多々ありました。（に）

地震発生後の図書館

矢祭もったいない図書館　司書（嘱託）**菊池麻衣**

2011年3月11日14時46分，東日本大震災が発生，矢祭町は震度5強と強い揺れがあり，館内は資料の1割が倒れ散乱［**写真1,2**］したことから，16時に閉館しました。翌日の午前中にボランティア[1]全員で館内の全資料を書架へ戻す作業をし，午後には近隣の子どもたちも来館したので，春のおはなし会を開催しました。「福島原発で，何か大変なことが起きたらしい」という話を耳にしたのは，3月12日の図書館閉館間近のことでした。図書館は，資料は散乱したほか，大きな被害はありませんでしたが，13日からはしばらくの間，臨時休館としました。

写真1　2011年3月11日特別書庫の状況

写真2　開架書架の散乱状況

矢祭町は福島第一原発から80kmの距離にあり，近隣の市町村から避難者がおりました。

休館から数日後に館長から「町の避難所の山村開発センターに親子で避難してきているので，キャラバンカー（移動図書館）を開館したい，19日に出勤してほしい」という連絡を受けました。

避難所を訪問すると原発事故のために避難してきたお子さんが数名いました。キャラバンカーをオープンしおはなし会を開催すると，子どもたちは本が積まれているキャラバンカーが気になったのか，車に近づき，読み手と一緒にお話を楽しみました。

また，避難所である山村開発センターへ，矢祭もったいない図書館事業所文庫[2)]として資料を貸し出しました。当館は町外の利用者への貸出制限を設けていなかったこともあり，避難された皆様に資料を貸し出し，利用していただくことができました。

3月20日から大きな被災がないことが確認され，図書館は再開館[3)]いたしました。

東日本大震災における東北地方の被災地では，大津波被害により図書が消失していました。

当館にも「図書館にある子どもの本を寄贈してほしい」という要請を数件受け，被災地への支援として蔵書している多数の児童書をNPO法人の協力により，145冊を5つに梱包し寄贈しました。

矢祭子ども司書[4)]の認定を受けた子ども読書推進リーダーからは，「被災地におはなしを届けたい」という提案がされました。読書活動に力を入れている埼玉県三郷市に原発事故により避難していた福島県広野町の児童が通学する瑞木小学校において，6月18日「がんばろう日本　読書でつなごう友情の絆」を合言葉に読書交流会を実施いたしました。矢祭町子ども読書推進リーダーによる手づくり絵本コンクール作品の読み語りと矢祭子ども司書講座について紹介すると，瑞木小学生は情感がこもった民話を堂々と披露してくれました。

また，会場では避難所で活躍した移動図書館キャラバンカーの見学会を行うなど，矢祭町と三郷市の子どもたちにとって，思い出に残る交流会を開催することができました。

地震発生から9日後に，再開館ができたことは，図書館が「日常を取り戻すために行動した」ことではないかと思います。不要な外出を控えるようにと発表があったにもかかわらず，返却ポストには多くの本が返却されておりました。町民の方からは「テレビを見ても原発のことしか放送されていないから，本を読もうと思って来ました」，「子どもが外へ出られないから，本を借りておいて助かりました」などと，開館をお待ちくださった利用者の皆さまが多くいたことです。また，ボランティアの安否を心配し，遠方より電話連絡を下さった寄贈者の方々がいたことが，早期の開館につながったのではないか，と思います。

この場をお借りして，お世話になりました関係者の皆さまに深く御礼を申し上げますとともに，当時の体験を伝え残す機会をいただけましたことに，感謝申し上げます。

（きくち　まい　2019.6.14 受理）

注：1）2011 年当時は町直轄の運営ではなく，町民ボランティアによる組織（管理運営委員会）に運営を町が委託していた。運営委員長が館長を兼務。

2）町内公共機関や町内金融機関等の事業所に，図書館の資料 6 冊以上を小型書架と一緒に貸出するサービス。年 2 回の図書入替を実施。避難所となった山村開発センターを事業所文庫として開設した。

3）開館時間は，3 月 20 日～ 27 日は 10:00 ～ 17:00 の短縮開館。3 月 29 日より 9:00 ～ 18:00 となる。現在は，9:30 ～ 18:00 の開館。

4）2009（平成 21）年からスタート。町内小学校 4 年～ 6 年生を対象に，本と人との結びつきを手助けするリーダーの養成を図ることを目的としている。1 年を通して講座を受講し，矢祭子ども司書の認定を受けると，読書推進リーダーとして活動することができる。

試行錯誤の日々と未来への思い

新地町図書館　**目黒美千代**

新地町は福島県最北東にあり，東は太平洋，北は宮城県に隣接する，面積 50km^2 と非常に小さな町です。

図書館は複合施設の２階にありますが，震災時，１階の一部には津波が到達し，私たちの車は押し流され，敷地内は瓦礫やヘドロ等あらゆるもので覆われました。図書館内は全資料が落下，各所のガラスや柱が破損し，天井からはコンクリート片や監視カメラモニターが落下する等，修繕しないと立ち入りは危険という状況でした。

震災後すぐに上司は震災対応の総務課付けとなったため，役場での手伝い等を終えた私は一人で図書館勤務となり，ガラスやコンクリート片にまみれ散乱している５万点の資料を眺めながら途方に暮れました。

臨時職員が全員復帰してからはまず，避難所への配本を試みました。しかし，避難している方々が求めているのは週刊誌やマンガ本等，最新の情報や気を紛らわすような本であり，日頃図書館で扱う本はあまり利用されませんでした。役職もなく一司書にすぎない私は，そのような本を購入して避難所に置くという判断はできず，図書館の，自分の，無力さに悩む日々でした。

また，以前からボランティアをしていた方と話し合い，避難所での読み聞かせも行いました。大変な思いを強いられている避難所生活の中，特に子どもが少ない場所では，押しつけのボランティアにならないよう必要性も見極めながらの活動でした。

仮設住宅が設置されてからは移動図書館を実施しましたが，思ったより利用が少なく，予定より早く切り上げることとなりました。非常時はとかく，「何かやらなくては」とやみくもに活動してしまいがちですが，それが本来の業務であっても効果を見据えた活動であるべきだと判断したためでした。

しかし，小さな声を見落とさず，拾い上げることも大切です。被災した方の中には，震災に負けず精力的に活動する方が現れます。そのような町民の力になるのも図書館の役割と思い，震災紙芝居制作のサポート等も行いました。

反対に，地元の高校生から図書館開館の力になりたいと申し出がありましたが，館内は学生が活動できる域を越えた状態だったためにお断りしました。あたたかい言葉を断るのはとても心苦しく，勇気のいることでした。ボランティアは，活動時期や内容等，行う側と受け入れる側両方の需要と供給がマッチすることが大切だと思います。

仮設住宅集会場での移動図書館（小さい子が来た時は読み聞かせを実施）（6月頃）

仮設住宅に暮らす人の声を聞く中で，震災前に行っていた場所に行くと，震災を一時でも忘れられるという話がありました。図書館は津波が来た場所のため，利用が少ないのではないかとも考えましたが，私たちがいつもと変わらず，利用者の来館を待つことで，町民の皆さんの安心や心の余裕につながるのではないかと思い，損壊のなかった視聴覚室に機材と資料を運び込み，7月に臨時図書館を開館しました。すると，予想に反してたくさんの子どもたちが来館しました。私たちは避難所等を回っていて気がつかなかったのですが，家や家族は無事でも，原発事故等もあり，遊ぶことも出かけることもできず，世間の空気を読んで，家の中でじっとしていた子どもたちが町内にはたくさんいたのです。不安でいっぱいだった小さな心が少しでも癒やされたなら，臨時開館した甲斐があったと思いました。

視聴覚室での臨時
図書館開館(7月頃)

非常時，災害復旧に直接関係のない図書館はあまり重要視されませんでした。しかし，復興が進み生活が落ち着けば，震災で人生観が変わった人々からは，震災前とは違った質の高い要求があると思います。人々が充実した人生を生きようとする時にこそ，「図書館に行こう」，そう思える図書館づくりが大切になってくると思います。

震災関連の資料については，実際に被災を受けた当町では，今はまだ多く活用される資料ではありません。しかし，これから生まれてくる震災を知らない未来の子どもたちに伝えていく資料として保存することもまた，図書館の役割ではないかと思います。

(めぐろ　みちよ　2019.3.29 受理)

たったひとつだけできたこと

須賀川市中央図書館（元・富岡町図書館）**菅野佳子**

2004（平成16）年10月12日，「富岡町文化交流センター　学びの森」の中に開館した図書館は，人とひと，人と本をつなぐ，まちの広場のような場所でした。

2011（平成23）年3月11日午後2時46分，私は図書館の中で地震を感じました。

揺れが続く中，強震で作動しなくなった自動ドアをこじ開け，閉じないように体を入れ，利用者を館外へ避難誘導しました。町は停電になり，自家発電装置のある「学びの森」は，町災害対策本部と避難場所になり，明かりや情報を求めて次々と住民が集まってきました。12日朝，政府が原子力災害対策特別措置法第15条に基づく原子力緊急事態宣言を発令したことにより，全町避難の日が始まりました。当初，何日かの避難と思い隣村の川内村へ。しかし事態は収まらず，16日には，郡山市にあるコンベンションホール「ビッグパレットふくしま」へ避難しました。17日からビッグパレット管理事務所に富岡町川内村災害対策本部が置かれました。この避難が一時的なものでなくなった4月に，避難所に役場機能が構築されました。住民同様，役場も着の身着のまま避難していました。図書館事業は休業になり，私の業務は災害対策本部総合案内で住民からの電話対応に変わりました。

5月13日，福島県立図書館から避難所向けに用意された1,000冊の本を基に，図書館振興財団から段ボール製書架の寄贈を受け，「ビッグパレット図書館」を開館させました。「ビッグパレットふくしま」が避難所の任務を終えた9月30日までの111日の間，住民と職員に本を提供することができました。12月になり，町役場は郡山市大槻町に移転し，いわき市，三春町，大玉村の3か所に出張所を開設し，私は，大玉出張所に配属されました。

2012（平成24）年9月26日，町は「福島第一原子力発電所事故に伴う富岡町の帰還に関する宣言」で，福島第一原子力発電所の事故から6年間は全町民の帰還は困難かつ不可能であると判断し「帰還できないこと」を宣言しました。

2013（平成25）年3月，国は，町の警戒区域を放射線の年間積算量に応じて，帰還困難，居住制限，避難指示解除準備に再編を図りました（町役場，図書館は居住制限区域に再編。居住制限区域：放射線の年間積算量20ミリシーベルト超50ミリシーベルト以下の区域）。

その頃私は，図書館再開は，衣食住足りて住民帰還後の業務と思い始めていました。司書の任を解かれてもできることがあるのではと考えたとき，誰からとなく「事実を記憶し記録することもあなたの役目」と言われ，求めがあれば，富岡町図書館の現状を話し文章[1]にしていました。

2013（平成25）年6月20日，日本図書館協会東日本震災対策委員会委員の矢崎省三氏，福島県立図書館企画管理部専門司書の吉田和紀氏に同行していただき，被害状況調査を行う機会を得ました。両氏は，書架から落下した資料の散乱，天井等の破損散乱など震災時のままの惨状を予想できていたようでした。そのような中，我々が驚いたことは，館内の空間線量，本に付着した放射線量，どちらも微量であったことで，鉄筋コンクリート造りの建物が，資料の放射線被曝を妨げてくれたことに救われた思いがしました。翌日から，書架から落ちた資料を戻す作業が進められ，日焼けを防ぐブルーシートを被せ再開館準備作業に入る日を待つ状態になりました。

2014（平成26）年「歴史・文化等保存プロジェクトチーム」が発足され，「ふるさと富岡」の救出が始まったとき，図書館再開の準備も開始されるかと期待しましたが，翌2015（平成27）年になっても気配はありませんでした。

2016（平成28）年に町の復興推進を協議する会議に「学びの森の再開について」の議題が出され，震災前に「学びの森」で業務を行っていた教育委員会教育総務課，生涯学習課職員で再開について話し合われ方向性を出しました。

住民帰還開始の2017（平成29）年4月に学びの森の業務を再開，図書館再開準備も開始することになり，2018（平成30）年4月に再開館が叶ったことをニュースで見ました。

図書館の可能性を信じ，住民の帰還を待ち続けた図書館の心や思いをつなげることが，私がたったひとつできた復興事業だと思っています。

（かんの　よしこ　2019.6.8 受理）

注：1）投稿雑誌『みんなの図書館』2012年3月号，『図書館雑誌』2013年3月号，『ず・ぼん』18（2013年2月）

◆ The Librarians of Fukushima（福島の図書館員たち）

2013年8月17日〜23日にシンガポールで開催された，第79回国際図書館連盟（IFLA）・世界図書館情報会議（WLIC）年次大会のポスターセッションで，「The Librarians of Fukushima（福島の図書館員たち）」という発表がありました。それは，短い英文と，クレヨンで描いた似顔絵で福島の図書館員の活動を紹介したポスターと，福島の様子をタブレットで伝えた発表でした。

東日本大震災と原発事故により被災した福島にいただいた世界中からの支援に対するお礼がしたいという思いと，震災後に福島の図書館員たちがどのような読書支援，情報支援をしてきたかということを，伝えたい，遺したい，という思いから発表されたものです。震災後，実際に会って話を聞くことができた図書館員たちの中からポスターを描きました。避難所に図書館の本を届けた司書や，避難所で新聞を作って情報を伝えた司書，支援された本で図書コーナーを作った司書もいました。避難所になった高校では，避難所に学校図書館の本を運び，子どもたちに本を読み，小さなおはなし会をした高校図書館司書もいます。他にも，その時その時できる最善のことを考え，実践してきた司書たちがたくさんいました。みんな，「当たり前のこと」として行動してきたことでしたが，それらはみな，図書館の現場で培ってきた経験，知識，スキルを基にしてできた資料・情報の提供でした。“The Librarians of Fukushima”は，この年のベストポスター賞を受賞しました。受賞理由のひとつには，こう書かれていました。“It tells a heroic story”。この賞は，福島の図書館員，皆でいただいた賞だと思っています。

（し）

避難所での状況と「読書のまち おおくま」復興への思い

大熊町役場 風間真由美

（『図書館雑誌』vol.108, no.3（2014年3月号）より再掲）

間もなく震災から3年が経過する。町へは絶えることない多くのご支援・ご声援をいただき感謝の念に堪えない。今回の執筆依頼も関係者の皆さまが原子力災害の被災地や図書館に心を寄せていただいているからこそのことと感謝申し上げる。

図書館司書という仕事を選ぶ人は，その職に就くまでに，それぞれの「道」を歩んできたのではと思う。私は司書を志し20代のほとんどを費やして，つかんだ職場が大熊町図書館だった。震災までの9年間，町の読書活動推進の動きもあり充実した時間を過ごした。震災前は「定年までこの図書館で働くのか…」と，ドーム型の高い天井を見上げながら思ったものだ。異動しても，また戻って図書館で働ける。それぐらいの認識だった。

2011年3月11日，その日常が突然奪われる。心の整理をする間なんてまったくない。翌日，大熊町は全町避難となり隣接する田村市周辺に移動。急に始まった災害業務。目の前に広がる「避難所」という職場で，次々と降りかかっ

図書館北側
2時46分で止まったままの図書館の時計台

てくる未経験の，まったく守備範囲でない業務に職員が必死で取り組んだ。

最大で 2,000 人を超える避難者がいた田村市総合体育館，4 月上旬にほとんどの避難者が故郷から 100 キロ離れた会津若松市周辺の二次避難所となる旅館やホテルに移動を完了した。諸々の事情で田村市に残る双葉郡の避難者 42 名は，4 月下旬に同じ田村市の船引就業改善センターという公民館ほどの小さな避難所に移動し，仮設住宅の完成を待つことを選んだ。その避難所が閉鎖される 8 月 10 日まで約 5 か月間，私は避難所に勤務した。

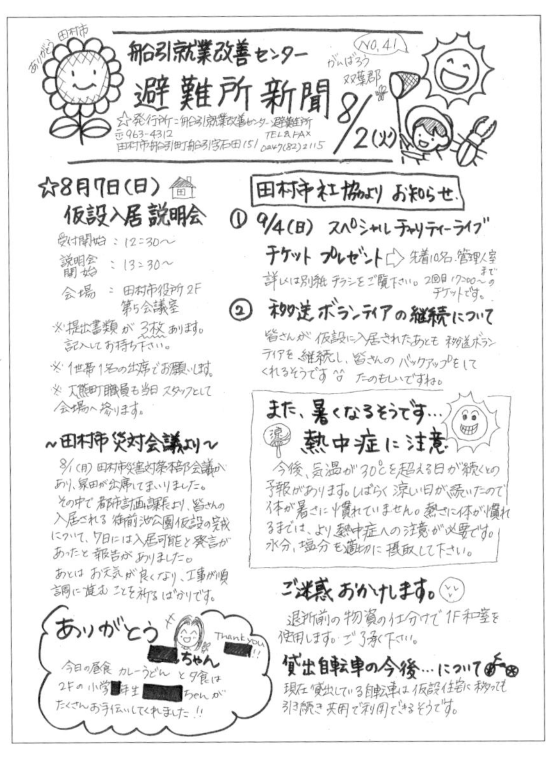
ありがとう 田村市
船引就業改善センター
避難所新聞
NO,41
がんばろう 双葉郡
8/2(火)
☆発行所：船引就業改善センター避難所
〒963-4312
田村市船引町船引字石田151
TEL&FAX 0247(82)2115

☆8月7日(日) 仮設入居説明会
受付開始：12：30〜
説明会開始：13：30〜
会場：田村市役所 2F 第5会議室
※提出書類が 3枚 あります。記入してお持ち下さい。
※1世帯1名の出席でお願いします。
※大熊町職員も当日スタッフとして会場へ参ります。

〜田村市災対会議より〜
8/1(月) 田村市災害対策本部会議があり，泉田が出席してまいりました。
その中で都市計画課長より，皆さんの入居される御前池公園仮設の完成について，7日には入居可能と発言があったと報告がありました。
あとはお天気が良くなり，工事が順調に進むことを祈るばかりです。

ありがとう ちゃん Thank you!!
今日の昼食 カレーうどん と夕食は 2Fの小学 年生 ちゃんが たくさんお手伝いしてくれました!!

田村市社協より お知らせ.
① 9/4(日) スペシャルチャリティーライブ
チケット プレゼント ⇨ 先着10名。管理人室まで
詳しくは別紙チラシをご覧下さい。2回目17：00〜のチケットです。
② 移送ボランティアの継続について
皆さんが仮設に入居されたあとも移送ボランティアを継続し，皆さんのバックアップをしてくれるそうです ^^ たのもしいですね。

また，暑くなるそうです…
熱中症に注意
今後，気温が30℃を超える日が続くとの予報があります。しばらく涼しい日が続いたので体が暑さに慣れていません。暑さに体が慣れるまでは，より熱中症への注意が必要です。水分，塩分を適切に摂取して下さい。

ご迷惑おかけします。
退所前の物資の仕分けで 1F和室を使用します。ご了承下さい。

貸出自転車の今後…について
現在貸出している自転車は仮設住宅に移っても引き続き共用で利用できるそうです。

大規模避難所では難しかったことが小さな避難所ではできるようになった。小さな避難所は 20 世帯程の規模。お手元に届けられるささやかな新聞を発行した。避難所での予定やどんな支援をいただいたか，ごみ出しの日や，お風呂の予定，健康面での呼びかけなどが主な内容だ。

当時は出所不明のまことしやかなデマや，膨大で二転三転する情報に避難者も行政も振り回されていた気がする。だから，少なくともこの避難所の中で起こる正確で安心できる情報を伝えたい，お年寄りにはお手元に届けたい

と思った。多方面からの支援も平等に情報を提供し，自らの判断で受けてもらいたいと考えた。避難所にいながら部活を再開し東北大会に出場が決まった高校生の話題，また小学生の夕食作りなど…互いに声をかけたり，褒めてあげたりと避難者間のコミュニケーションの一助になったのではと感じている。「私が知りたいのはこんなことじゃない」とお叱りをいただいたこともあった。一職員が書ける内容には制限がある。それに苛立ちや不信を感じられたのだろう。欲しい情報は大熊町の現状，一時帰宅の時期，仮設住宅入居のめど…ただ，それは広報やメディアが報じてくれる。自分にできることをと割り切り，一貫して「避難所内の暮らしに関する正確な情報共有」という方針は変えずに 8 月 10 日に避難所が閉鎖となるまで発行を続けた。

避難所業務で強く感じたことは個々人の情報収集能力と取捨選択力，理解力の差だ。ネットでの情報入手は私のいた避難所の方はほとんどしない。(高齢の方が多かったということもあるが) 紙媒体は内容が正確だが届くのが遅い。聞きかじった情報が，人づてに変換されて伝わり，ともすればデマを自分の都合で理解して，やっと届いた正しい情報を受け入れない状況もあり，住民と対峙してもどかしさを何度感じたことか。

震災から 1 か月後，大熊町は避難先で小中学校を再開し，多くの支援により学校図書館も再設置。専任の学校司書も置き，震災前と同様に読書を軸にした教育を実践している。大熊町の読書教育で得る「情報を入手し，理解し，活用する力」は子どもの自立や災害を生き抜く力のひとつになると避難所業務を通じ強く感じる。

では，公共図書館は？…残念ながら大熊町図書館は，あの日の惨状をそのまま残し，手つかずだ。震災後数回立入ったが，限られた人員・作業時間の

ため何もできない。落下した資料を踏みつけて進まざるをえず「ごめんね，ごめんね」とつぶやきながら毎回作業している。何もできない図書館の現状を思う時，司書として耐えがたい苦しみを感じる。時折，全国に避難する利用者が避難先で図書館を利用している話題を耳にするのがせめてもの救いだ。

私は現在，大熊町職員として証明書発行や仮設住宅入居者の暮らしをサポートする業務を担当する部署にいる。司書の仕事がしたくないと言えば嘘になるが，そんなこと考えている場合ではない。大熊町をはじめ帰還困難区域では，住民が許可証無しに自宅へ立ち入れない。それが町の現状。今は何よりも町土の復興が最優先だ。

しかし，教育分野以外にも読書の動きはある。今年度保健センターの事業で仮設住宅の「健康相談」や乳幼児むけの「子育てひろば」で読み聞かせを実施し，私もスタッフとして参加している。

また，来年度は震災後中断していた「ブックスタート事業」が再開する。震災前に図書館と連携していたので，保健師から声がかかった。この状況下で読書の重要性を理解し，実践する職員が司書以外にいる事は町の財産だ。避難先でも親子で絵本の時間を持ってもらえたら…こんな嬉しいことはない。

私が図書館で仕事をすることは当分ないが，大熊町図書館で積ませてもらった経験を，立場はかわれど町に還元する。それが今私の進む「道」だと思う。

ブックスタート事業の再開，学校図書館再開館に次ぐ，「読書のまち おおくま」復興の新たなステップとなる。来年度が本当に楽しみだ。

（かざま　まゆみ）

東日本大震災・原子力災害からの思い

双葉町教育委員会　**北崎周子**

（『図書館雑誌』vol.107, no.3（2013 年 3 月号）より再掲）

2011 年 3 月 11 日の東日本大震災から，もう 2 年が過ぎようとしています。

地震，津波，その後で起こった原子力発電所の事故により，現在でも双葉町では，町民の避難を余儀なくされています。

全国の多くの方々にご支援や励ましをいただきましたこと紙面をお借りして御礼申し上げます。

あの日，双葉町図書館は年度末に行う特別整理のため休館をしていました。そして，そのまま今も休館中です。

14 時 46 分の地震で瞬く間に書架が傾き大量の本が散乱し，書庫は怖ろしくて確認もできませんでした。図書館の周辺は液状化が激しく目の前で電柱が倒れていきました。休館中で利用者の方がいなくて本当によかったと思いました。

その時から私の仕事は図書館司書の業務から，災害時における業務に変わりました。生きるための業務です。避難所での業務，普段携わってこなかった一般行政に関すること等々あり図書館司書も自治体職員であり，住民のためにその場その場でできることをやる自覚を持っておく必要があると感じています。

少し落ち着いた夏頃，支援していただいた本から小さな子ども図書室を作りました。少しの期間ではありましたが，子どもたちに本を読む時間場所を提供することができました。

ただ，避難所は限られたスペースに住民が避難していましたし，支援の図書が次から次と届き，置く場所もなくどう対処してよいか戸惑うところもありました。

図書館の防災計画には避難等についてはありましたが，避難してからご支援をいただいた多くの本の処理についてや，災害で避難し始めた時，求められた新しい事実，情報を図書館としてどう提供すべきかなどの事項はなく，戸惑っているのが現状です。

地震・津波から町はかなりのダメージを受けました。しかし，それだけでしたら今頃は，復興に向かって進んでいたことでしょう。

双葉町および周辺の市町村では，原子力災害という今まで経験したことのない事故に見舞われたのです。放射能による汚染は簡単には解決できません。双葉町は放射能汚染による警戒区域であり，本を片づけるために双葉町図書館に入ることも簡単ではありません。許可をもらって立ち入ることができても時間制限があり，もちろんインフラも復旧していません。その中での作業は限られたものになります。

図書館のある場所は比較的線量が低い所ではありますが，警戒区域であることには違いなく，そのような場所にあった図書をどうするのか，大きな課題です。どう除染するのか，また活用することができるのかも不明です。

いつ，どのように町が復興できるかわかりませんが，各地に避難している町民が，双葉町で図書館を利用していたように，それぞれの市町村で図書館を利用させていただいていると聞いています。とても感謝しています。

今は，何もできませんが双葉町図書館が，いつの日にか再開できることを願っています。

（きたざき　ちかこ）

浪江 in 福島ライブラリーきぼう

浪江 in 福島ライブラリーきぼう　**岡﨑裕子・衣川ゆかり**

(『図書館雑誌』vol.107, no.3 (2013年3月号) より再掲)

原発事故で避難を余儀なくされてから，1年5か月後の2012年8月，福島市笹谷にある浪江町応急仮設住宅の近くに，小さなワンルームの図書館がオープンしました。その名も「浪江 in 福島ライブラリーきぼう」です。

株式会社アントレックス・東日本大震災災害支援チームが義援金を募り，福島市から土地の提供を受け建物ごと浪江町に寄贈してくれたものです。本のある交流スペースとして浪江町民はもとより，近隣の福島市民・他町村から避難している人々との交流，図書資料の貸出，情報発信の場としての活用を目指し，浪江町が管理・運営をしています。

＊概要

住　所　福島県福島市笹谷字片目清水 30-8
電　話　024-573-4295
建　物　木造　21 坪(69.56㎡)　1 階建て
蔵書数　約 6,000 冊(すべて寄贈)
　　　　新聞　全国紙 1 紙　地方紙 1 紙
　　　　雑誌　なし(リクエストあり，今後検討)

＊利用規則

開館時間　午前 9：00 ～午後 5：00(4 月より)
休 館 日　毎週月曜日・第 3 日曜日
　　　　　祝祭日・年末年始

昨年の8月3日，建物の完成を待って開館。木の香りと開放的な天井までの広いガラス窓からサンサンと差し込む明るい陽ざし，狭い仮設住宅暮らしの人たちは，ライブラリーに入った瞬間，笑顔になります。避難している人々が集まればこれまでの苦しかった避難の日々の話や現在の状況を共有することができ，先の見えないこの辛い日々の中で少しでも楽しいことを見つけようとする人々がそこにいます。この小さなライブラリーが少しでもこの人々の助けになればと思います。

暗くなってから，ライブラリーきぼうの建物を外から見るとオレンジ色の光が美しく温かな気持ちにさせてくれます。まさしく「きぼう」です。

＊開館５か月を経過して

登録者数　108 名(うち福島市民 48 名)
総貸出数　1,130 冊(1 日平均 9.6 冊)
入 館 者　1,203 名(1 日平均 10.3 名)

登録者は，福島市民が多くなりつつあります。市内に分散し約 3,000 人避難している浪江町民へのアピールをどうするか。「ライブラリーきぼう」が，図書の貸出だけではなく交流スペースとしてどんなことができるか，まだまだ課題があります。

＊現況

図書の寄贈申し込みも一段落し，書架の配置も決まり，現在所蔵リストの作成中。PC は入りましたが，図書館用ソフトまでの予算はなく，今年度中の完成を目指してエクセルに入力作業中です。看板や利用案内は作成中です。

将来いつの日か浪江町民が浪江町に帰れる日が来たら，この小さなライブラリーは建物ごと浪江町に移築される予定です。

（おかざき　ゆうこ・きぬかわ　ゆかり）

◆地方紙とブックガイド

2011 年 9 月にたまたま見た富士市立図書館（静岡県）のホームページに，こう書かれていました。「中央図書館で福島県地方紙が読めます。福島県の地元紙を避難者の方が読めるように『福島民報』と『福島民友』をご用意しています」と。

東日本大震災後，国内全都道府県に避難した福島の人たちがいました。避難した福島の人たちは，「福島」の状況を知りたいという思いがとても強かったと思います。そこで情報支援をしてくれたのが，避難先の図書館でした。日本図書館協会を通して福島の地方紙を取り寄せ，福島の状況を，避難している人たちに知らせるとともに，その地域の人たちにも伝えてくれたのです。

被災地では，図書館の職員も被災していて，疲弊した心が仕事に耐えられないこともありました。出版されたばかりの震災関連の絵本を「つらくて読めない」，「読んでいるうちに泣いてしまって読み聞かせができない本がある」という話を，複数の司書から聞きました。その話をしたところ，子どもの本を中心とした震災関連資料を読み込んでブックガイドを作り，岩手，宮城，福島の公立図書館に寄贈してくれた方がいました。その本が『3・11 を心に刻むブックガイド』（草谷桂子著，子どもの未来社，2013）です。

（し）

がんばっぺ！いわき

―― 被災状況といわき明星大学の震災後の取り組み

医療創生大学（いわき明星大学）図書館事務室　**豊田　浩**

いわき明星大学（2019年4月大学名称変更，現・医療創生大学）は，東北地方の最南端の太平洋を望むいわき市に位置する大学です。

2011年3月11日午後2時46分に発生した「東日本大震災」では，東北地方の太平洋岸を中心に甚大な被害を受けました。さらに福島第一原子力発電所の事故は，福島県浜通り（福島県東部太平洋沿岸）全域に未曾有の被害をもたらし，本学においても3月の卒業式が残念ながら中止となり，4月の入学式や授業も延期となりました。

幸いにも本学は硬い岩盤の上に建っていること，また建物の強度が十分であったため，校舎，事務棟および研究附属施設等の被害はそれほど大きなものではありませんでした。

本学の「図書館・学習センター」は主に図書を閲覧する「図書館」とグループ学習から個人学習までさまざまな学びのシーンに対応する図書館の拡張施設「学習センター」の2棟を併設しています。地震発生日が春休みで利用者が少なかったこともあり，館員の指示で館内にいた学生および教職員は全員無事に避難することができました。書棚，閲覧席，パソコン等の館内設備の被害はほとんどありませんでしたが，全24万冊の書物のうち，書棚の上段部の図書が1割程度落下，4月11日の余震でも多少の図書が落下しました。学習センターは，エアコン排水管の水漏れ（1階），ボードの破損と破片の落下（2・3階），亀裂（天井）が生じました[**写真1**]。

図書の落下については，スタッフ総出で片づけをした結果，約1か月後の4月25日に図書館のみ開館することができました（建物の安全確認済み）。学習センターも施設内の修理完了後，5月6日に開館することができ，通常通り（開館時間：月～金曜8時45分～21時，土曜8時45分～17時）に利用が可能となりました。

本学の「図書館・学習センター」は，震災前からいわき市の人々にも利用

写真１●学習センターボード破損

写真２●仮校舎として本学に登校する湯本高校の生徒の皆さん

されていましたが，福島第一原子力発電所の事故によりいわき市へ避難されている人々も利用できるサービス体制を整えました。また，いわき市内の県立湯本高等学校は震災により校舎が大きく被災したため，本学を仮校舎として使用することとなり，5 月 11 日に全校生徒 928 人，教員 61 人を迎えてのキャンパスライフがスタートしました。高校生の皆さんにも自由に落ち着いた環境での勉学の場として利用されました［写真 2］。

本学の「図書館・学習センター」は，学生及び教職員だけではなく，広く市民に利用され，また，「地域貢献」のひとつとして，学びの楽しさやその機会を提供できるよう，今後も体制を整えていく所存です。

1 被害状況について

被害状況については，下記のとおりです。

① 人的被害

❶ 利用者，職員ともに被害なし。

② 図書資料被害

❶ 蔵書の約 1 割弱 2.3 万冊が書架から落下。

開架図書　：2 階部分　194 冊
　　　　　：3 階部分　13,889 冊［写真 3,4］

書庫内図書：	2 階部分	2,104 冊
：	3 階部分	5,563 冊［写真 5］
：	地下書庫	433 冊
その他：	約 800 冊	

❷ 落下状況

修理本 1,543 冊

写真 3 ●図書館 3 階　開架

写真 4 ●余震に備えヘルメットを着用しての作業

写真 5 ●図書館 3 階　書庫

❸ 被災資料

（1）原発事故（自宅が警戒区域のため取りに行けない）：4 人　13 冊

（2）津波被害：3 人　7 冊

（3）汚損：5 人　9 冊

2 復旧作業

復旧作業のスケジュールは下記のとおりです。

（1）開架本再配架：4/1 ～ 4/7［写真 4］

（2）書庫内本再配架：4/8 ～ 4/16

（3）4/11 の余震のため再配架の一部やり直し：4/12

（4）本の修理：4/5 ～ 5/23：1,543 冊

（5）図書館のみ開館：4/25

（6）本の一部棚移動：4/27 ～ 4/28
理由：上段からの本の落下が多かったため，2 段目から本を再配架とした。

（7）通常開館時間で再開：5/6

3 震災後の図書館の取り組み

震災後に図書館が行った市民への支援等は，下記のとおりです。

❶ 福島第一原子力発電所の事故により避難区域に指定されている楢葉町役場の仮庁舎として，本学施設の「大学会館」を「楢葉町災害対策本部いわき出張所」として貸与したことに伴い，貸出範囲をいわき市民から「一般開放」と拡大し，被災者へ利用サービスを開始した。

❷ 地震の影響で校舎が使用不能になった湯本高等学校が，本学を仮校舎として使用することに伴い教員，生徒へ利用サービスを開始した。原発事故による警戒区域内に位置する県立双葉高校，双葉翔陽高校，富岡高校の 3 校が本学に集約して双葉地区サテライト高校として開校することに伴い，教員，生徒へ利用サービスを開始した。

❸ 被災学生へ辞書の提供：寄贈辞書の提供（資産登録していない資料）142 冊，国語・英語辞書等を提供した。

❹ 被災資料の購入（複本）：弁償は求めず図書館で購入した。

❺ 東日本大震災に伴う資料の展示を行った。

4 今後に向けて

まず，地震発生時の避難について再確認し，利用者へ掲示等で周知徹底する必要を感じました。

今後必要な取り組みとしては，余震に備えたスタッフの体制，現場の見直し，避難の見直しを行い，緊急時マニュアルの作成を行うことが重要です。

5 その他

本学を仮校舎として授業を行っていた湯本高校が仮設本校舎に戻ることになり，雪下芳昭校長と高橋文彦教頭が学長のもとを訪れ，気持ちのこもった全校生徒のパネルを贈呈されました[写真6]。

（とよだ　ひろし　2019.1.28 受理）

写真6●県立湯本高等学校全校生徒931人と教職員が一堂に会し本学の体育館で撮影

第3章

日本図書館協会による被災地支援

手探りで始めた支援活動

── 東日本大震災対策委員会委員による座談会 ──

日本図書館協会は，2011 年 3 月に東日本大震災対策委員会[1)]を立ち上げ，支援活動を行っています。これまでに委員会に参加したメンバーのうちの 6 人に，活動を振り返って話をしてもらいました。

日　時● 2019 年 9 月 6 日(金)13：30 ～ 17：30
出席者●東日本大震災対策委員会(五十音順)※(　　)内は在任期間
　児玉史子(2011.4 ～)，小山俊子(2012.6 ～)，宍戸伴久(2016.7 ～)，
　西野一夫(2011.3 ～ 2012.8)，西村彩枝子(2011.3 ～)，吉田光美(2011.6 ～)，
　事務局：細川敦子(2017.5 ～)
司　会●加藤孔敬(本書編集委員会・名取市図書館)
記　録●【本書編集委員会】鈴木史穂(福島県立図書館)，蓑田明子(東大和市役所)，
　内池有里，小林佳廉(日本図書館協会事務局)

《発災直後 ── 支援体制づくりと方法の模索 ──》

加藤●今日はみなさんに，日本図書館協会（以下，協会）が行った支援活動について，「発災直後」「災害応急対応期」「復旧・復興期」という時間的な流れに沿って話していただきたいと思っています。支援活動にあたってのエピソードがあれば，それもお聞きしたい。まず，発災直後のことについて話してください。

西村●当時のことについて，『図書館雑誌』2011 年 5 月号の「東日本大震災への対応」という記事をもとに，主な事項を振り返ってみます。

3 月 11 日（金）午後地震発生。／13 日（日）常務理事に対応について相談。

／14日（月）事務局で対応を打ち合わせ（情報を収集し，JLAメールマガジン（以下，メルマガ）臨時号，ホームページ掲載。委員会等の会議の中止・延期の依頼，18日の評議員会は予定どおり開催とし，当日の午前震災対策協議のための常務理事会を開催。救援募金の検討）。被災地の県立図書館長・県協会会長宛てにお見舞い，被災状況の確認を依頼。図書館関係団体，情報提供機関に情報収集提供について相互協力を依頼。／15日（火）被災地の図書館から被災情報の提供がはじまる。IFLA等海外からのお見舞い。／16日（水）メルマガ発信。『図書館雑誌』3月号の発送遅延を連絡。／17日（木）震災対応策について協議。この間政府から，節電等の依頼が頻繁。用紙・印刷・物流の確保が困難になっているため『図書館雑誌』等の刊行や郵便物に遅れが生じる可能性があることへの対処検討。／18日（金）臨時常務理事会開催。評議員会開催。

この18日の臨時常務理事会で，以下の7項目の「当面の取り組み」と，震災対策組織を立ち上げ，西野理事・西村理事（当時）が担当することを決めた。

（1）図書館の被災状況の情報収集と伝達　（2）義援金の募集　（3）被災地の図書館への支援　（4）政府や，自治体等図書館の設置母体に，困難な時期にこそ資料，情報を提供する必要があることを訴え，図書館機能が発揮できるよう迅速な対応を要請する　（5）ICTを活用して，被災地への資料，情報提供ができるよう関係者，関係団体に要請し，合意形成に努めるとともに，政府に特段の措置をするよう要求する　（6）被災者の会員に対して，会費の免除を行う　（7）担当常務理事を置く

西野●かなり周到な計画です。なぜ計画できたかというと，1995年1月の阪神・淡路大震災の経験，そのときの反省があると思うんですね。阪神・淡路大震災のときは，関西の会員が中心となって支援のための組織を立ち上げたけれども，協会としてはうまく機能しなかった。2004年10月の新潟県中越地震のときも，組織的な対応はできなかった。そういう蓄積と反省があって，組織的取り組みの必要性を痛感していた。それが3.11の震災直後に短期間に結集したんだと思う。3月18日の午後に折よく評議員会があって，その場で7項目の「当面の取り組み」を決めています。そして，東日本大震災対策委員会の第1回会議は3月25日に開かれ，委員長・塩見昇理事長（当時），副委員長・松岡要事務局長（当時），委員会事務局長・西村彩枝子，同事務局次長・西野一夫，委員・常世田良ほか，担当職員・磯部ゆき江という体制ができあがった。

《災害応急対応期 —— 情報収集と試行錯誤の支援 ——》

加藤●当時，一館に絞って支援を始めていますね。始めるにあたって，被災地の現地確認をしたのですか？

西村●支援に行く前の段階では，何をしたらよいのかがつかみきれなくて，いろいろ案を出しあっていたという印象を持っています。「当面の取り組み」は決めたけれども，具体的にはどうしようかと。

加藤●過去の反省を踏まえ，協会ができることを洗い出していたんですね。

西村●「とりあえず現地に行って見なければわからないよ」という感じで，行動したんです。被災者と向き合い，活動を再開した図書館員たちを協会が支えなければ，と考えたんです。

西野●計画的というよりも，どちらかといえば本能的な感じで始めたと思う。阪神・淡路大震災で協会の存在意義を問われてしまったということがあったから，「協会が先に立つことで全国の会員に伝えるものがあるのではないか」と考えたように，僕は思っています。支援に先立って石田孝夫・矢﨑省三・私の3人が先に行って情報収集をして，まず気仙沼市（宮城県）に集中して支援することを打ち出した。

加藤●なぜ気仙沼市だったんですか？

西野●被災して休館していた気仙沼市図書館が3月31日に再開したんですよ。気仙沼市では，図書館は大事だということで，被災者支援に配置していた職員を図書館に戻して開館した，という話を人伝てに聞いた。まだ被災地の図書館へ電話をしてもほとんど不通だったようなときに，そういう図書館が現れたと聞いたんです。それに気仙沼市図書館では，建物の損害も相当あったうえに，自動車図書館が流されて地域へのサービスができなくなって困っていた。震災直後の気仙沼市については，テレビで燃え盛る沿岸地域のショッキングな映像が流れて心配をしていたけれど，そんな中でいちはやく図書館が立ち上がったということに，心がひきつけられたんです。気仙沼市への支援は，東日本大震災への支援の第一段階としては，必然のように決まったと思う。気仙沼市図書館を支援することに，言い方が難しいが，ある種の象徴性を感じられたように思うんです。

西村●4月7日から8日まで気仙沼市へ下見に行っているけれど，何しろまだ現地の状況がわからないときだし，被災地に負担をかけない自給自足の装備が必要だったから，西野さんは鍋釜を持ってきたり食料を買ってきた。

矢﨑さんは大量の焼きそばを持ってきた。

児玉●４月７日は，大規模余震（気仙沼市は震度５強）があった日でしたね。

加藤●気仙沼市以外へ直接支援に行くことは考えられなかったのですか？

西野●考えはしたけれども，受け皿がない状態だった。三陸沿岸のほかの被災図書館はまだ開館もできず，なかでも南三陸町図書館（宮城県）では建物は流失し，職員が亡くなっているし，陸前高田市立図書館（岩手県）も流されてしまって職員も亡くなられたと聞いていたんだ。

加藤●気仙沼市以外にも受け皿ができるまで，東京にいて間接支援をする，ということは考えなかったのですか？

西野●自然と任務を分担していたんだよね。西村さんたちは東京で間接支援をし，石田，矢﨑，西野の３人を中心としたメンバーが直接支援に行って，全国の会員に発信する。そういう分担がいつのまにかできていた。

西村●あの頃，東京での情報収集は，ほとんど松岡さんがやっていたような記憶があるんです。各県立図書館との連絡なども。

西野●県立図書館も被災していて，宮城県や福島県は施設や設備に損害を受けていたし，岩手県も県下の情報収集ができない状態だった頃のことです。

加藤●直接支援について掘り下げて話を聞きたいのですが，協会としては気仙沼市をとっかかりとして直接支援を広げていきたかったのですか？

西野●気仙沼市で始めたのは，僕らは被災地支援をしたくても素人で経験がなかったから，現地でどんな支援活動が行われているかとか，支援の方法を学ぼうということもあったんだよね。学びながら支援をしようと。

西村●気仙沼市には，すでに（公社）シャンティ国際ボランティア会（以下，シャンティ）の支援拠点があったことが大きかったですね。行く前に西野さんと２人でシャンティの東京事務所を訪ねて，いろいろ教えてもらった。

西野●それで，最初に行ったときはシャンティの現地臨時支部の少林寺というお寺の庇（ひさし）を貸していただいて泊まったんだ。それに気仙沼市を拠点にすれば，行き帰りに周囲を回って状況もつかめるから。宮城県を中心に考えたのは，福島県は原発事故で入れなかったり，岩手県は東京からは地理的に遠いうえに，当時は東北自動車道など道路状況の問題もあったりしたんだよね。

加藤●総合的にそういった状況をふまえて，気仙沼市に入ることになったわけなんですね。

西村●気仙沼市に行ったことがよかったのかどうか，当時西野さんが気にかけて，仙台市民図書館（宮城県）職員（当時）の平形ひろみさんに意見を聞いたときに，平形さんは，「あの地方を代表する地域だから，選択は誤っていないんじゃないですか」と言ったことを覚えています。

小山●ところで，気仙沼市の自動車図書館の支援要請は，市の方から寄せられたんですか？

西野●訪問して館長から早期に図書館を再開できた理由をお聞きしていたときに，自動車図書館が流された状況も聞いた。震災前は80か所以上も巡回して幅広い活動を行っていたので，子どもたちが困っているだろうから，自分たちは行きたいので支援してほしいと要請があったんです。気仙沼市には図書館サービスの歴史があったし，昔から市をあげての図書館への応援があり，市民の図書館への思いは大正時代から連綿と続いているものだということが，行ってみてよくわかった。

加藤●気仙沼市では，子どもたちへのおはなし会などの直接支援をしていますね。

西村●ボランティアを募集して，レンタカーと矢崎さんのキャンピングカーに分乗して，西野さんたちは行ったんです。東北からの参加もあった。

西野●このとき，協会の支援活動に「Help-Toshokan　図書館支援隊」と自分たちで名前を付けました。

児玉●協会は被災地での直接支援の経験はなかったので，どういう準備をして行って何をするかについてのノウハウがなかったし，ボランティアも気持ちはあるけれども被災地支援はやったことがなかったので，手探りでやったんです。実際問題としてとても大変だった。

西村●支援隊は，毎週木曜日に被災地へ出発して日曜日に帰ってくるサイクルだったんです。だから，東京にいる私と児玉さんは，支援隊が出かけた後すぐに次の週の準備をする。メルマガでボランティアを募集すると，応募がドドッときて，問い合わせに対応したりボランティア保険をかけたりしていると，そのうちに支援隊が戻ってくる。その繰り返しで，1か月間はほかのことはできないような状況だった。

西野●気仙沼市図書館では，多忙の中で僕たちが支援に入った週末（金・土曜日）のスケジュールを，支援先と連絡をとって組んでくれました。5月の連休を挟んで，計4回の支援で延べ49名の図書館関係者が支援に入ったことになる。支援先は，幼稚園，保育園，小学校，避難所などで，読み聞かせや支援本の配布，映画の上映などを行いました。気仙沼市では日常的に図書館のサービスが行われていたから，子どもたちもおはなし会に慣れていたね。

支援に入った僕らも，子どもたちの反応に励まされた。

西村●協会はおはなし会で使う本や紙芝居やペープサートを持っていなかったので，ボランティアの人がみんな道具を持ってきてくれたんでしたね。

西野●配布した本については，阪神・淡路大震災のときの例から，除籍本などの古本を被災地に送るのは迷惑なことだということがわかっていたし，感染症予防への配慮の要望もあったから，未使用の児童書約3,000冊を，（株）日本ブッカーの協力でコーティングして持って行ったね。（公社）日本化学会から科学関係の本を「子どもたちに配ってください」と1,000冊近く託されたりもした。

西村●本の寄贈については，震災直後に，兵庫県立図書館から協会に「本は被災地に送らない方がよい」などの助言の電話をいただいていたそうです。

吉田●本の配布にあたっては，最初は手順がわかっていなくて，対象年齢別に分けないまま持って行ってしまい，現地で仕分けをしたりしていましたよね。そういう失敗もして学んで，だんだんやり方が上手くなっていった。

児玉●当時は被災地の状況がよくわからないままで行って，子どもたちによかれと思っておはなし会や読み聞かせをしたけれども，現地の職員の方に負担をかけたのではと，今も気になっています。

西村●「おはなし会は近隣のボランティアがやる。協会はもっと全体の取りまとめのようなことをしてほしい」というのは，言われたことがあります。

児玉●当時，現地を知らずに何ができるのかということや，被災地の要望と実際に今やっていることがマッチングしているのか，ということの間でずいぶん悩みました。支援隊の人たちは頑張るし，よかったと言われることもある。その一方で，協会のやるべきことではないのではないかという葛藤が個人的にはありました。だけれど，被災地に行って直接支援をしたことがまったく無駄だったとは思わない。

西野●協会が直接支援をした実績があったから，後に支援団体に呼びかけて「支援情報交換会」を開いたときに集まってもらえたんだと僕は思う。

児玉●全国から集まったボランティアの人たちは，地元に戻って情報発信をしてくれています。そのことによるよい影響もあると思う。

西野●例えば，職員がボランティアに来てくれた立川市図書館（東京都）は，その後市内書店とも協力して，石巻市図書館（宮城県）が必要な本を市民に買ってもらって装備をして贈った。

児玉●そういう種をまいたという点では意味がありますね。協会の支援のあり方を考えるうえで，重要な動きだったと思います。

西村●その頃は，日本中の人が自分にできることはないかというのを考えていて，お金の寄附だけでなく何かしたいと思っている人が多かった。図書館員も，協会がボランティアを募集するとたくさん来てくれた。協会があのときの“助けよう”という気持ちの受け皿をつくったということはある。

西野●協会と対照的だったのが（公社）全国学校図書館協議会（以下，全国SLA）で，あとからお聞きしたことではあるけれども，阪神・淡路大震災支援の教訓を生かして，被災地の状況が見える6月になるまで動かなかったということです。状況が見えてから支援計画を立てて組織的に動いている。我々協会は走ってしまった。

吉田●『国立・国際・子ども図書館』（国際子ども図書館を考える全国連絡会会報）の29号以降に連載された「東日本大震災の被災地の皆さんへ　私たちも力をつくしています」という読書関係団体の報告を読むと，全国的に活動している団体は，まず会員の安否確認をし，それから被災地の状況がわかる会員と連絡をとって支援に入ったりしている。それらの団体から協会に協力を依頼されたということもなかったけれども，今後はいろいろな団体と協力して支援したり，被災地の協会の個人会員や地域グループと連携して支援することも考えるとよいのではないかと思います。

《災害応急対応期 ── 日本図書館協会だからこそできる支援活動 ──》

加藤●この頃の間接支援はどうだったんですか？

西村●情報を収集して発信するくらいで，先が見えていなかったと思う。日本ユニシス（株）と連携して災害関係の本をデジタル図書として公開していこうと「電子書籍を活用した東日本大震災支援サイト」を開設しました。一番初めに公開したのは，阪神・淡路大震災のときの『図書館雑誌』の記事。コピーしてスキャンしてPDFにするという手作りのものです。それから協会の出版物などをいくつか公開したけれど，PRも十分できていなくて，利用されていないですね。志なかばで折れた感じがしている。

加藤●そうすると，「被災者を支援する図書館活動についての協力依頼─被災地域への公衆送信権の時限的制限について」を，約30の権利者団体に対し出したことの方が効果は大きかった？

西野●新潟県中越地震（2004年）・新潟県中越沖地震（2007年）後から震災関連資料リストを作っていた新潟県立図書館は，「復旧復興関連文献の送信提供サービス」を行っていました。文献に関する調査相談もしている。『図書館雑誌』2011年8月号の「新潟だからできることを－『復旧復興関連文献の送信提供サービス』の実施」で，県立図書館の保坂泰子さんは，「有事の際にこそ『図書館』という情報発信基地が地域や館種を越えて相互に協力し，情報を必要としている人や組織に，無料かつ迅速に提供することができたなら，どんなに頼りとされるだろうか」と書いています。

加藤●レファレンスの支援は，県立図書館から自然的に発生した？

西野●レファレンスに使えるから，と協会から呼びかけたのだと思います。兵庫県立図書館などからのアドバイスがあったかもしれない。

西村●ほかの間接支援としては，文部科学省が4月に立ち上げた「子どもの学び支援ポータルサイト」(「支援の要請」，「支援の提案」欄に書き込むマッチングサイト）にならって，協会もそういうサイトを作ったけれど，これもPRが行き届かず，あまり利用されなかった。でも，今後はマッチングサイトについて，協会も考えた方がよいと思う。文部科学省のサイトへの要望はほとんどが学校からのものだったけれど，スクロールして見るしかなくて，図書館関係の情報を探そうとすると大変で，とても見る気が起きなかったんです。

加藤●この頃，出版関係など関係団体の動きはあったんですか？

西村●出版業界には，日本書籍出版協会・日本雑誌協会・日本出版クラブなどの出版関係諸団体によって3月23日に「〈大震災〉出版対策本部」が設立されていましたね。出版社から新本を出してもらって，取次の栗田出版販売の閉鎖予定の物流倉庫に集めていたんです。そこへ私たちが6月4日と17日に行って，仕分けをして気仙沼市に行く自動車図書館に載せたりした。

加藤●新聞社はどうでしたか？

西村●震災では新聞の販売店も被災したので，図書館に新聞が配達されず，しばらくの期間欠号になって困っていたところがあった。そのことを，5月に東松島市図書館（宮城県）にボランティアに行ったことで気づいて，6月22日に日本新聞協会を訪問してバックナンバーの提供の協力をお願いしたんです。でも，各新聞社での原紙の保存期間が切れていて入手できないものもありました。

吉田●震災当日や直後の記録である新聞が被災地の図書館にないという状態

を何とかしたいということで，調布市立図書館（東京都）などからバックナンバーの保存期間が切れたときに譲ってもらって，後日送ったりもしました。
西村●今後そういう事態が起きたら，新聞社と早く連携した方がいいです。

《災害応急対応期 ―― 支援の御用聞き ――》

加藤●自動車図書館や新聞のほかに，協会に何か支援要請は来ていたんですか？
吉田●要請が寄せられるようになるより前に，協会の施設委員会が，4月12日の第1次支援隊のときから，一緒に被災地入りをして別行動で図書館を回って専門的立場から調査をしたり，"御用聞き"をしていたんですよね。当時は情報がなかなか入ってこない状況でしたから。後に宮古市立図書館（岩手県）を訪問したときに，被災直後は電話もFAXもメールも通じない状態だったので，郵送で状況を県立図書館に伝えたと聞きました。情報発信自体が難しい状況だったことに加えて，図書館の被災状況は新聞でもテレビでも報道されていなかったので，"御用聞き"によって必要としている物や事がようやくわかったことがあった。発信できないところもあれば，支援を求める発想がなくて，困ってはいたけれど自分たちで頑張っていたところもあって，そういうところの情報を施設委員会が回って把握してきたんです。
西村●この頃は支援の実績もなかったし，協会にSOSしていいのだという発想はなかったんじゃないかしら。だから，支援を求められるというよりは，協会から可能なことを提案するような形で支援が始まったところもあった。
吉田●被災地の図書館からは，「もっとひどいところをなんとかしてあげてください」と言われたこともありましたね。
小山●被災地の図書館は，みんな自力で何とか頑張っていた。
西村●近隣の図書館が応援に駆けつけたりしたことはあったけれども。
西野●例えば，野田村立図書館（岩手県）の津波被災資料の救済活動と寄贈資料の仕分けについて，『図書館雑誌』2011年7月号に国立国会図書館の村上直子さんが書いている。これは，野田村立図書館の要望を受けた岩手県立図書館が国立国会図書館に助力を要請し，村上直子さんらが泥水をかぶった郷土資料の救済処置をしたもので，近隣の普代村・久慈市・洋野町（以上，岩手県）の図書館にも県立図書館が呼びかけて，作業をやっているんです。
吉田●岩手県の内陸部と沿岸部の中心に位置する遠野市は，震災前の2007

年から「地震・津波災害における後方支援拠点施設整備構想」をもっていました。いちはやく大槌町立図書館（岩手県）の資料の救済活動をしている。

西野●図書の寄贈を受け付けて，図書館に送る「献本活動」を行ったのも，遠野市の遠野文化研究センターだった。

加藤●岩手の県北では洋野町立図書館や久慈市立図書館が，「近助」の精神で自動車図書館を応援で走らせていた。そのことを当時，協会は知っていたのですか？

西野●後から県立図書館との「情報交換会」で知ったと思います。

加藤:それは，岩手・宮城・福島の3県立図書館や支援団体との「情報交換会」のことですね。この会はいつから始まったんですか？

西野●記録を見ると6月11日が最初。そんな頃にやっていたんだ。早いね。

児玉●はじめは，県立図書館との「情報交換会」と，支援団体との「支援情報交換会」とを別々に開いていたけれど，支援団体から各県の状況も直接聞きたいという要望があって，後には合同で開催するようになったんです。

《災害応急対応期 ── 要請に応えて行った支援活動 ── 》

加藤●図書館からの要請に応えて行った支援活動で，東松島市図書館でのブックコーティングについてはどうでしたか。

西村●これは東松島市図書館から加藤さんが連絡してきたんでしたよね。5月の連休中で，支援で寄せられた寄贈本へのブックコーティングと，5月5日の「こどもの広場」という行事のお手伝い。メルマガでボランティアを募集した。図書館からの要請で被災館へ行って，図書館に対する支援をしたのは東松島市図書館が最初でした。

加藤●ほかはどこへ行きましたか？

吉田●6月に矢吹町図書館（福島県）に，落下して割れた蛍光管のガラスの破片を本の中から除去する作業のボランティアに行っています。ここへの支援は施設委員会が“御用聞き”で状況を知ったことが発端でした。

西村●蛍光管などのガラス破片の問題はどこでも起きうる話なので，危険性は知っておいてもらいたい。2011年夏には，協会に「図書館の支援に行きたいが，どこかないか」と問い合わせが来たけれども，マッチングできるような依頼がなかった。本格的に支援に入るようになったのは2012年からです。

吉田●2011年には，東京で作業する活動がありました。気仙沼市の自動車図書館用の本の仕分けと積み込み。矢吹町図書館の蛍光管の破片除去も2回目以降は本を東京に運んできて，東京でボランティアを集めて作業しています。8月と9月には，石巻市図書館への寄贈本へのブックコーティングを2回にわたって協会の研修室でやっている。そうそう，出かけて行ったのもありますよ。8月に茨城県立図書館で図書の修理ボランティア。10月には気仙沼市と大船渡市（岩手県）で映画「男はつらいよ」の上映もしていますね。

西村●上映会は市民への直接支援ですね。

加藤●ほかには何かやっていますか？

吉田●講習会をいくつか開いています。7月に協会を会場に修理ボランティア養成講座。7・8月に東松島市や南三陸町でブックコーティング講習会。9・10月に茨城・福島・宮城各県内で製本講習会。10・11月には筑西市立図書館(茨城県）や福島県高等学校司書研修会で補修・修理研修会も行った。

西村●この頃は東京での活動が比較的多い。講習会は，協会の資料保存委員会やキハラ（株），日本ブッカーなどとの協力で行っています。

児玉●茨城県立図書館での本の修理の支援へは，修理ボランティア養成講座の受講者がボランティアに行っています。受講者は，その後の支援活動にも参加してくれています。

加藤●少しずつ被災地も落ち着いてきて，支援活動も認知され，要請も来るようになって，協会がこのような支援をするようになったのですね。

《災害応急対応期 ── 物の支援・支援の仲介 ──》

吉田●それから，物を送ることも増えてきましたね。自動車図書館の移送，仮設図書館用のコンピュータ関連用品，折りたたみコンテナボックスなど。協会には仮設図書館を建てるような資力はないので，もっぱら物品の支援です。被災図書館の復旧には国の補助があるけれど，復旧までの間に必要な仮設図書館の建設には補助がない。だから全部民間支援で建てられたものだったんです。これは今後何とかしてもらいたいことです。

加藤●物を送るときは県立図書館と連携して行っていたのですか？

西村●たいてい県立図書館がかんでいましたね。宮城県の場合は，ほとんどの場合，県図書館の熊谷慎一郎さんから「こういうことはできないか」という話があった。茨城県立図書館も同様。県立図書館が県内の様子を見ながらまとめて,協会や（公財）図書館振興財団などに要請をふっていたのでは？

児玉●岩手県立図書館は，津波で被災した陸前高田市立図書館の「吉田家文書」の修復について，県教育委員会を通じて国立国会図書館に要請をして支援を受けていました。

西村●企業による支援は，協会と連携した方がスムーズにいくことがあるので，例えば製本講習会はキハラから話があったし，ブックトラックを送りたいという話のときも，協会から各県立図書館に情報を流しています。大活字本を希望する図書館に送ったときも，NPO 法人大活字文化普及協会から声がかかった。被災地から高齢者用に必要だという話が来ていたこともあって，大活字文化普及協会と日本ブッカーに協力にしてもらい，義援金から購入して装備して送りました。だんだん慣れてくると，こっちから企業に声をかけることもあった。

吉田●被災地の情報や，支援したい企業・団体の情報が入ってくるようになって，支援の仲介をすることが出てきた。立川市図書館が石巻市図書館に自動車図書館用の本を支援したときも,支援先を探していたので,要望があった石巻市を紹介したんです。そういう支援についての流れができてきた。

西村● 2012 年 1 月に,調布市部課長会が陸前高田市の「にじのライブラリー」に本を支援したときも，仲介とブックコーティングで協力しました。協会に聞けば協力してくれる，という動きが出てきたのが 6・7 月頃でしょうかね。

児玉●アメリカからのお見舞いの折り鶴は，茨城県立図書館に届きましたね。

吉田●物の支援ということでは, 11 月から 2012 年 3 月まで,協会が義援金で,原発事故の二次避難者のために『福島民報』,『福島民友』を避難者を受け入れていた公共図書館へ希望を募って送った。震災は 3 月に起きたので，各図書館とも 4 月からの逐次刊行物の予算については，すでに決まっていて対応できていないだろうということで，2011 年度分について支援をしたんです。

西村●義援金の話が出たけれど，最初の募集目標は 500 万円だったけれど,あっという間に 1000 万円を超えて，さらに 2000 万円を超えるまではすごい勢いだったんです。今の時点では 3000 万円くらいになっています。

《災害応急対応期 ―― 情報発信 ――》

加藤●この時期までのことで，まだ話していないことがありますか？

吉田● 2011 年 5 月くらいから，支援活動や「情報交換会」で得た情報を発信しています。協会のロビーで被災地図書館の写真展示をしたり，写真セットの貸出も始めています。また，緊急集会「東日本大震災状況報告」をキハラ，(株) 栗原研究室，saveMLAK との協力で行いました。10 月には第 97 回全国図書館大会多摩大会のシンポジウムで講演，山梨県図書館大会にも講演者を派遣しています。全国のみなさんはまだ情報を把握できないでいる。その一方で被災した図書館は全国に向けて情報発信ができない。そういう状況の中で，協会が把握した範囲内ではあるけれど，情報発信をし始めた。会員から協会に話を聞きたいという声も，だんだん出てき始めていたと思います。

西野●第 97 回全国図書館大会多摩大会のシンポジウムは「Help-Toshokan から，ともに目指す復興へ」というテーマでした。会場では写真パネルの展示もしたね。その後 2015 年まで，毎年全国図書館大会で写真展示をするようになった。全国に向けて写真セットの貸出を始めたというのは大きいことだったね。

児玉●写真セットを活用した写真展は，公共図書館だけでなく高校の学校図書館でも行われました。2011 年 10 月から 12 月にかけて，九州の高校 11 校で，文化祭や読書週間事業のひとつとして巡回展示をしてくれた。

小山●展示パネルは，被災状況の写真のほか，施設委員会の川島宏さん作成の地図「東日本大震災　公共図書館の被害状況」（本書 p.viii〜ix）も，10 月頃から加わったと聞いています。

吉田● 2012 年 1 月には，施設委員会が建築研修会「東日本大震災に学ぶ」を開催しています。この頃から，どんな支援ができるかということに加えて，何が起きたのか，それはなぜか，今後はどうしたらいいのか，ということを被災地に学ぼうという動きもあったのかなと思う。2011 年は必死だったけれど，だんだん震災の経験を伝えていかなければ，という動きになってきた。

西野● 2012 年 5 月には『みんなで考える図書館の地震対策–減災へつなぐ』(日本図書館協会刊) を発行した。

加藤●あれは 2011 年秋から緊急で編集を始めたのでした。

西村●海外への情報発信としては，国際交流事業委員会の三浦太郎さんから，2011 年国際図書館連盟（IFLA）サンファン大会の開会式の直後にスピーチを求められたと聞きました。井上靖代さんは 2012 年 IFLA ヘルシンキ大会でポスターを出した。2013 年 IFLA シンガポール大会では，福島県立図書館の鈴木史穂さんがポスター発表をして，「The Librarians of Fukushima」でベストポスター賞を受賞。2013 年の韓国図書館大会には私が招待されて震災の状況を発信しました。2015年にはIFLAアジア・オセアニア地区常設委員会との共催で，協会を会場に国際セミナー「災害からの復旧に果たす図書館の役割」も開催され，講演を行っています。

《復旧・復興期
── 東北から学ぶ「Help-Toshokanツアー "東北を知ろう"」──》

吉田●2012年1月からは「Help-Toshokanツアー」を始めて，被災地図書館を回りました。一般的にもそれ以前は，被災地に行くのは控えた方がよいということも言われていたけれど，だんだん被災地に学んでそこから行動を起こしていこう，という動きが出てきていました。

小山●このツアーは，まだ大変なときによく企画してくれたなと思うんですよ。私はこれをきっかけに東日本大震災対策委員会の仲間に入れてもらった。どうしてツアーを企画したのですか？

西野●泊まりに行くことによる経済効果，被災地が元気になるために我々ができることはそのくらいだと。そして現地の様子を見てもらう。当時，観光バス状態のような評判のよくない被災地ツアーもあったけれど，まじめに被災状況を見て理解しようというツアーがあった。我々のツアーは矢崎さんが提案したんだったね。

吉田●東北を知ることからしか始まらないんじゃないかと，そういうこともできる時期なのではないかと，みんなで話し合って始めたんです。参加者はメルマガで募集しました。

西村●被災地の図書館を中心に訪問してお話をうかがうツアーで，観光地ツアーではない。第1回の岩手県のツアーのときは現金決済しかできなかったり，宿でエレベーターが止まって閉じ込められたり，大変なこともあったりしました。

児玉●宮城県は3月，福島県は時間をおいて6月に行きました。

西村●協会の役員は，塩見理事長（当時）が宮城ツアーに参加。国の関係省庁の職員も，被災地を見なくてはと思っても機会がなかった人が，協会がツアーをするならということで同行しました。経済産業省の職員が福島ツアーに参加しましたが，東北の本をすべてデジタル化しようという計画（コンテンツ緊急電子化事業）の担当職員でした。

《復旧・復興期 ── 学校図書館などへの支援 ──》

加藤●被災地での支援活動はどうでしたか？

西村●被災地で活動を行ったケースは，実は公共図書館はあまりないんです。要請があったのは気仙沼市，矢吹町，東松島市，陸前高田市など。学校への支援がほとんどで，公民館図書室も七ヶ浜町（宮城県）などいくつかあった。学校への支援を始めたのは，2012 年 7 月くらいからですね。公共図書館は，自立して自分たちでなんとかしていたけれども，学校図書館や公民館図書室は人が配置されていなくて，支援で寄贈された本をどうすることもできなかったのではないかと思う。学校図書館に支援に入るにあたっても，その地域の公共図書館の仲介の力が大きかったです。

吉田●公共図書館からは製本や修理講習会の要望があって，講師を派遣していますけれど，それは講習によって嘱託職員，臨時職員，緊急雇用対策で雇用した人などに技術を身につけてもらって，作業は自力でその図書館がやりたいということだったんです。

小山●支援要請が来なかった学校では，未整理の寄贈本がまだ積んだままになっているところがあるのかもしれない。

西村●今後災害があったときには，学校のこういう状況も頭に入れて対応する必要があると思う。

加藤●女川町（宮城県）の公民館図書室もたくさん送られてきた寄贈本を整理する人手がなかった例でした。被災地では，支援物資の整理に手が回らず，他の支援物資の受入場所の確保や避難所の確保の必要性から，やむ得ず服を燃やしてしまったところがあった。それは，そもそも送られてきた時点で，多くはカビや臭いがあったり，穴空き，よだれや食べ物のシミで汚れた子ども服。それでも，支援品を燃やしたことだけが先行し，新聞沙汰になった。それを教訓に，女川町の当時の図書担当者は除籍廃棄規準をつくって，対応を明確にして受入をした。でもそれにはマンパワーが必要だった。

吉田● 2012 年は，避難所から仮設住宅に人が移ったりして，仮設住宅や仮設の学校への支援が出てきた時期でした。図書館からの要望で仮設住宅の図書室用の図書や組み立て式段ボール書架を支援したりしました。

加藤●東松島市の学校は，2011 年は津波や地震で使えなくなった教室の確保などで大変で，2012 年にやっと仮設校舎も建てられて，図書室も人の支援，支援物資の整理など受入体制ができてきたと思う。

吉田●図書館の仮設施設への引越し，再建して戻るときは，段ボール箱や段ボール書架が必要とされることが多かったですね。

西村●被災地に送られてきた寄贈本や支援物資の段ボール箱はいろんな大きさのものがあって，積み重ねるとあぶない。だから，出版関係と連携して支援しました。返品に使った段ボール箱を，最初のうちは無償提供してくれた。

吉田●出版社や図書館用品の会社からは，いろいろな協力をいただきました。

《復旧・復興期 ── 寄附・寄贈，支援の仲介など ──》

加藤●東京での活動の話に移りたい。図書カードの支援もしていますね。図書カードでの支援や，現金の寄附のことについても話してください。

吉田● 2013 年度末に図書カードを希望館に贈る支援をしたのですが，これは，協会に図書カードの寄附があったからです。これまで図書館とは関係のない業種の団体からでした。

西村●協会が図書カードをいただいたのはこの 1 回だけです。

吉田●協会がホームページなどで支援活動を発信していたことで，図書館が要りそうなものを支援したいと，企業や団体が声をかけてくることがあったんです。（公社）リース事業協会のパソコン，（一社）日本レコード協会からの CD などがそうでした。

西村●現金の寄附申し出は，IFLA アジア・オセアニア地区委員会から国立国会図書館経由で，シンガポール赤十字が最大 60 万米ドル（約 7100 万円）を図書館に援助できると連絡が入り，県立図書館とも協力して仲介をし，2016 年 2 月に支援協力協定が締結されて，陸前高田市立図書館と南三陸町図書館が支援を受けました。2014 年からは，（公財）一ツ橋綜合財団から継続して寄附をいただき，被災地図書館への助成金として活用させてもらっています。

吉田●アメリカ図書館協会（ALA）からの寄附は，陸前高田市立図書館新館建設準備のころの支援に使わせてもらいました。

西村●このときは，図書館再建にあたって市が依頼した助言者の交通費を市では捻出できなかったため，その支援要請もあったんです。そういう支援もできるという PR が行き渡っていたら，ほかにも支援してほしいところがあったかもしれない。

吉田●海外からは，ブータンの個人からも寄附金が寄せられました。協会は，いま海外の災害に対して寄附は行っていませんね。今後，図書館災害対策委員会が広範な活動ができるようになったら，そういうことも考えるとよいのではないでしょうか。

加藤●協会は過去には，メキシコ地震（1985年）のときに5,000ドル募金と送金（『図書館雑誌』1985.11，1986.5掲載），ロサンゼルス火災（1986年）のときにロサンゼルス公共図書館募金「Save the Books」に応じ，募金・拠出金3,500ドル送金（『図書館雑誌』1988.1～5掲載）を行った例があるんですよ。

児玉●けれども，2011年のタイの水害による図書館被災のとき，協会にも相談があったけれどできなかった。しくみがあってできるようになればいいですね。

西村●資料の寄贈申し出は本当に多かった。日本シャーロック・ホームズ・クラブからは，ホームズの全集本の寄贈の申し出があり，仲介をしました。個人からも被災地に送りたいと毎日のように協会に電話がかかってきたけれど，それらにはマッチングできる内容や条件のものはなく，個人に対して仲介したのはひとつもないといっていいです。

吉田●個人からの申し出については，遠野文化研究センターが「献本活動」をしていたときはそこへの寄贈，「陸前高田市図書館ゆめプロジェクト」が始まってからは，古本の買取金額相当が寄附されるそのシステムの利用も検討してくださるようにお伝えしました。

西村●被災して失われた本の補充について，寄贈本を大量に保管している矢祭もったいない図書館（福島県）は遠野文化研究センターのような役割を果たせるのではないかと思って，問い合わせをしたことがありました。港区立赤坂図書館（東京都）が閉館するので，何万冊か要りませんか，という話があったときは，数年後に津波で流された図書館が再開したらその中から選んでもらえるかもしれないと伝えたけれども，年度中に何とかしたいということで成立しなかった。

児玉●マッチングできた例としては，カリタス女子短期大学が閉学したときに，図書館の参考図書を寄贈していただき，協会のボランティアが作業をして，2017年4月に南三陸町図書館に送りました。これは規模が大きかった。

小山●マッチングできるまでに，紆余曲折はありましたけれどもね。

吉田●中古の備品の寄贈もありました。首都大学東京図書館の書架が宮城県図書館へ行きました。図書館から被災地へ支援品を送りたいというとき，予算から送料が出せなかったりして成立しないことがあるんです。協会が仲介に加えて，送料や作業の部分も支援することで，活かせる場合がある。

西村●自動車図書館については，送りたいという話があって募集をしても，ほとんど応募がなかった。三島市（静岡県）の「ジンタ号（3世）」が気仙沼市に，岩見沢市（北海道）の「あおぞら号」が名取市（宮城県）に行ったのは，稀なケースでした。自動車図書館は，車だけもらっても動かせない。車に載せる本はなんとかできても，運転手が要る。譲渡手続きや移送にも費用がかかります。

小山●シャンティ経由での相談もあったけれど成立させられず，結局その車は東日本大震災の被災地ではないところに行ったそうです。

西村●募集したら陸前高田市の仮設の書店が手をあげたけれども，贈る自治体側が民間への譲渡はできないということでだめだったこともありました。なかなか難しい。

加藤●そういうことがある一方で，震災後に自動車図書館はとても活躍していますよね。石巻市では震災前の2004年に廃車にしていたけれど，仮設住宅に本を届けるために，市の方針で震災後2011年10月に復活，2019年に役目を終えて再び廃止となったんですよ。これはニュースにもなりました。

西村●物の支援だけではなく，人的支援もしました。女川町は公民館図書室から図書館にしたいと協会に相談があって，協会から人を派遣して教育委員会と話し合いをしたこともありましたが，成立しなかった

《復旧・復興期 —— 資料の救済活動 ——》

加藤●資料の保全活動について，まだ話してもらっていませんでした。陸前高田市立図書館で郷土資料の救済活動をしていますね。

吉田●陸前高田市立図書館は，津波で全壊して，職員全員が死亡・行方不明。資料は，2階の貴重書の部屋にあった古文書などを除き流出して，自衛隊の捜索活動の際に拾われたものが車庫に積み上げられたままになっていました。当時，職員の大多数を失った市の教育委員会は，狭い部屋で数名が業務を行っている状況だったそうで，岩手県立図書館はそれを知っていたので，資料救済について声をかけること自体無理だと考えていました。協会も初期に視察に行ったメンバーが，被災状況を見てはいたけれど，資料は救えないだろうと思っていたんです。ところが，2011年12月に訪問したときに車庫の入口

付近にある郷土資料が目に入りました。写真を撮ってきたものを後で検索してみると，他の図書館にも所蔵がない資料が含まれている。そこで，岩手県立図書館に連絡をとり，協会はNPO法人共同保存図書館・多摩（以下，多摩デポ）の協力でボランティア要員が確保できることを伝えて，救済活動を提案しました。そして岩手県立図書館が，市と相談をし，岩手5大学による「いわて高等教育コンソーシアム」の「被災地の図書修復及び整備についての研究チーム」の協力も得て，2012年3月に救済活動の体制を整えたんです。ぎりぎりの時期だった。資料はカビが生えているものがあったし，市ではその場所の“瓦礫”撤去の日程が迫っていたんです。このときは，約2万冊の中から郷土資料約500冊を選別し救出しました。協会としては，多摩デポという資料保存関係団体の組織だった協力を得られたことで，スムーズな活動ができました。その後の6月の第2期救済活動は，岩手県立博物館で，協会の資料保存委員会や国立国会図書館，盛岡大学とも連携して行われ，再入手できない260冊をクリーニングしました。その後，都立図書館が希少な資料について補修も行っています。いろいろな団体が協力し合って，得意分野を割り振りながらリレーすることで，救済が可能になった事例です。

西野●貴重書の部屋の岩手県指定有形文化財の「吉田家文書」は，初期にすでに救済されていた。

西村●一般に文化財の救済活動は早い。2018年の西日本豪雨での倉敷市立真備図書館（岡山県）でもそうでした。

吉田●東日本大震災では，野田村立図書館や大槌町立図書館の郷土資料の救済は早かったですが，協会は関われていません。

西村●野田村の救済活動は国立国会図書館が支援したけれど，再開に向けて選書を行うというときには，協会に相談がありました。

児玉:南三陸町については，図書館が建物ごと流出した。2011年8月に行ったときに，書架の一部らしいものが海水の中にみえました。

西野●過去の津波関係資料が入った耐火書庫もなくなってしまったんだ。

《福島の図書館について》

吉田●協会が行った支援活動について話してきたけれど，できなかったことがあります。2013年に，原発事故で警戒区域に指定されて避難した大熊町に5月，富岡町には6月に，福島県立図書館に同行して調査に入ったけれども，原発事故への対応能力という点では協会は弱い。博物館関係では，線量を測って資料救済活動もしていたけれど，協会は被ばくした資料の救済に関する知識も少なく，動けていません。避難中の町の組織体制の中で，図書館に職員がいなくなってしまっていたという事情もありました。

西村●富岡町図書館の雨漏りや，大熊町図書館の鼠などの小動物や虫害対策などについては，資料保存委員会からアドバイスをもらって伝えてはいます。資料の除染については，富岡町，飯舘村（いいたてむら）は，それぞれで資料の埃を拭いて，付着した放射性物質を落として線量を下げていました。南相馬市立図書館はしっかりした活動をしていて，休館していた小高図書館が再開する2016年7月まで，必要な資料を本館で買い続けていました。原発立地地域の図書館の経験は貴重なので，例えば富岡町の再開館までの軌跡は，世界的にも発信しなければならないことだと思います。協会で本にして，英語にも翻訳できたらと思います。協会のホームページの英語バージョンもいろいろな情報を載せると世界から検索されると思うけれど，「ENGLISH」のページは，対応できる体制がなくて，震災1か月後くらいから更新できていない。

鈴木●協会には，福島で2012年11月に「福島県の図書館を考えるシンポジウム」も開催していただきました。

西村●福島県立図書館が必要なことを協会がバックアップしたんです。協会は半公的な機関だから，しばりがきつくなくて担当者の判断でゆるく動けたので，早く開催を決められたと思う。

鈴木●シンポジウムは，震災当時の避難指示区域の状況や，そのとき司書たちがどういう活動をしたかを公に発表できる場だったし，参加者はそれを聞いて知ることができる機会でした。おかげで避難中の自治体の図書館職員にも会えた。あの時期に，福島県立図書館だけではできなかったことだと思う。

児玉●発表者の司書たちだけでなく，会場に来ていた人たちも再会できたと言って喜ばれたのが印象に残っています。私は同じようなシンポジウムを東京でもやりたかったんですよね。でもそれは無理でした。こちらの思いが足りなかった，切実さをつかみきれていなかったと，反省しています。

吉田●原発事故で避難するような災害時には，図書館は自治体業務の中では最優先とはされないけれども，時期を見計らって協会が調査に入ったり，シンポジウムを開いたりすることで，図書館をアピールすることはできる。その点では意味があったのかなと思います。

西村●福島の避難指示区域だったところで再開していく図書館についで

すが，町に人がそんなに戻ってきていない。本も揃え職員を配置したけれど利用者が少なくなってしまった。人はそんなに簡単には戻らないと思う。図書館活動や図書館経営のあり方が今までのようにはいかない地域かなと思う。

小山●まだ生活基盤が整備されていないのに，半強制的に帰還をすすめられている気がする。帰還をすすめて大丈夫なのかな。

児玉●福島県に限らず，岩手県も宮城県も人口が減っている。立派な図書館もできたが，今後どうしていくか。

加藤●震災から7年，気仙沼市の職員が言っていました。「“協働のまちづくり”といっているが，気仙沼市は“総働のまちづくり”。少子高齢化，人口減少が加速する中で，“総働”でまちづくりに取り組んでいかないと」と。震災から8年，2019年4月に新館が開館した南三陸町図書館の司書の小林朱里さん（新規採用の正規職員）は，「災害により公民館との複合施設での復興となったが，“複合”ではなく，“融合”を目指したい，融合施設でがんばらなくちゃ」と，抱負を語っていたのが印象的でした。いかに乗り越えていくかを，みんなで考えていかなくてはいけない。

吉田●そういう難しい問題をかかえて一番先を走っているのが東北の図書館。これからどういう工夫をしていくのか，協会が関心を持ち続けて，情報発信などもして，協力してやっていけるといいな，と思います。災害支援についてはその都度，何ができるかということを考えるしかない。

《他の支援団体の活動と協会の支援活動》

加藤●他の支援団体との関係などは，どうだったのでしょうか。

西村:他団体との情報の交換は，いろいろとしていました。saveMLAK，シャンティ，〈大震災〉出版対策本部，全国SLAなど。

加藤●他団体から学ぶことなどはあったのですか？

西村●シャンティはボランティア活動について熟知していたし，取り組みが早く，引くときも引継ぎやまとめがしっかりしていた。ノウハウを次の支援に活かしていっている団体です。

吉田●シャンティと協会の活動との大きな違いは，シャンティは現地滞在型の支援をしているということです。協会の体制としては，現地滞在型の支援は難しい。今後の災害支援では，それができる団体と協会がタイアップして，各自ができることを考えることも必要ではないですか。現地滞在型だから見えることもあるし，可能になる支援もある。それから，ボランティアに関して言うと，現役の図書館職員がボランティア参加しにくい状況がありましたよね。知識も業務経験も経済的なゆとりもある正規職員は，職員数が減少しているために自分の職場がとても忙しい。協会の支援活動に参加してくれたのは非常勤職員やリタイア組が多かった。だから，協会が義援金からボランティア補助という形でボランティア保険や宿泊費などの一部を負担したから行けた，という人もいました。司書課程の学生ボランティアも自費だけで行くことには限界があります。正職員は，被災地の自治体への職員派遣の要請があっても，行きにくかったのではないでしょうか。ボランティア休暇はとれたとしても，派遣職員として1年や2年抜けられると職場が困る状況がある。

加藤●例えば東松島市には富山市から，陸前高田市には名古屋市から自治法派遣（地方自治法第252条の17に基づく普通地方公共団体相互間の職員の派遣制度）として司書が図書館に派遣されたけれど，ケースは少ないと思う。

西村●自治法派遣では，建築，土木，文化財関係への職員派遣が多かった。

加藤●シャンティ以外の団体は？

西村● saveMLAKの動きは早かったですね。3月12日に被災・救援情報サイト「SaveLibrary」を立ち上げ，その後4月11日にはsaveMLAKとしての活動を開始した。共同で編集できるMediaWikiというシステムを使って書き込むことで，情報共有できるしくみを作ったというのは，支援のひとつの形だと思います。また，東日本大震災を教訓に「本を送りません宣言」（仮称）を2012年1月に，「安全な開館のために～東北の図書館員からのメッセージ～」を2016年4月にウェブサイト上に公開しています。開発した震災訓練プログラムによる研修「震災訓練プログラム saveMLAK メソッド」を行ったり，ボランティアを派遣する支援活動もしている。

児玉● saveMLAKは，何かあって情報を収集しようと思うと速い。全国の人が協力して書き込めるものを作ったというのはすごいと思います。発信力もある。

吉田●協会やsaveMLAKは，被災図書館と図書館についてのノウハウがある司書をつないだわけだけれど，そういうしくみはそれまでなかったですね。

加藤●協会は，東日本大震災から学んだことを今後に活かせそうですか？

西村●今は活かせると思うけれど，50年後は引き継がれているだろうか……。

加藤● 2015年12月に発足した協会の図書館災害対策委員会は，災害時の行動や対応を「被災図書館の方へ」としてウェブサイトで公開したり，「災害等により被災した図書館等への復旧・復興助成」の形を一層整えたりしていますが，そこには東日本大震災の経験が活かされつつあるのではないでしょうか。

《印象に残っていること》

加藤●最後に，活動の中で印象に残ったことを，一人ずつ話してください。

西野●気仙沼市で出会った酒屋さんの話をします。2011 年の 4 月に，石田・矢﨑・西野の 3 人で最初に行ったとき，4 月 7 日の大きな余震の翌日に，お店が数軒だけ開いていたんですよ。その中の 1 軒が酒屋さんで「津波に耐えたお酒」という貼り紙があった。2 階に住んでいるようだったので何度も声をかけたら，80 歳過ぎと思われる老夫婦が元気のない様子でやっと下りてきた。我々がお酒を買ったら喜んでくれて，話を聞いたら，そこは港近くの繁華街の飲み屋街の3代目になる酒屋で,3月11日の津波で1階は水をかぶってしまった。店内にいくらか残ったものを，わずかな資金にでもと思って貼り紙を出したという。近くの飲食店も全部潰れて，お客さんがいなくなって先が見えないから，前日の余震のときも，もう死んでもいいやと避難もしなかったんだって。我々は気仙沼市に行くたびにそのお店で地酒を買って帰った。特に矢﨑さんはたくさん。そうしたらそのたびに 2 人ともだんだん元気になってきて，4 度目に寄ったときは作業服を腰までたくしあげて走って仕事しているんだよ。しかも，我々 10 人以上のグループの中で，お得意様の矢﨑さんにではなく一人の女性にワインを 1 本プレゼントしたんだ。理屈でなく生きてることってこういうことなんだなと，改めて感じましたね。

加藤●経済支援ですね。では次に児玉さん。

児玉●私は東日本大震災対策委員会には 2011 年 4 月から参加しているんです。弟が仙台にいて被災しているし，仙台は育ったところだし，何かできないかと協会に電話したら,「すぐ来てください」と言われて行った。そうしたら西野さんたちが直接支援に出かけるところで，人手が足りず，私は後方支援担当ということになり，いろいろやってみましたけれど，緊急時に対応するためには，平時にマニュアルみたいなものができていないと難しいんだなと実感しました。少なくとも担当は誰でどう動けばいいのか，簡単なものでいいから持ってないと動けないことがわかった。そういう経験から，今は協会に図書館災害対策委員会ができて，よかったと思っています。現地に行って東京では見えないものがいっぱいあった。例えば電話，FAXをしても返事がこないのは，そういう通信手段が使えない状況だからと弟に言われました。でも山元町の友人に，「こういうときでも郵便は配達してくれたからあなたの手紙が届きました」と言われたんです。それから，津波の衝撃的な映像を，直後には現地の人は見ていなかったこと。「離れているからできることもある」ということもわかりました。後方支援をしていて，しばらくたってから「いつも電話に出てくれて，電話で児玉さんの声を聞けてよかった」と感謝されてびっくりしたし，嬉しかった。少しはお役に立てたかな。

西村●私はふたつのことを話します。ひとつは福島県の桜の聖母学院短期大学の司書課程の「レファレンスサービス演習」の非常勤講師をしたときのことです。担当だったアンドリュー・デュアー先生が，震災後，急にカナダに帰国してしまったため，南相馬市立図書館職員（当時）の早川光彦さんに講師依頼があったのだそうです。でもそのとき早川さんは，震災業務で茨城県の土浦市に避難している市民に付き添って行っていた。とても今はできない状況だから，とオファーがあったので，1年だけ行きました。そのとき受講していた一人の女子学生が印象に残っている。毎回授業には来るのに，あらぬ方向を呆然と見ていて話を聞いているふうではない。けれども注意できる雰囲気じゃない。震災ですごく深い傷を負ったのかと，その子のことが気になっていました。ああいう時期に授業をやって，出されたレファレンス調査の課題を次回までに調べてくるということ自体，学生たちにはしんどいことだったのではないかな。2011年10月頃のことです。翌年は宍戸さんに行ってもらった。もうひとつは，ある日，東松島市図書館の加藤さんから，デンマークからレゴ（おもちゃ）を5,000個だったか1万個だったかを支援物資としてもらったけれど,「協会は要りませんよね？」と電話があったこと。「なんとかします」と言って，NPOを調べて電話したら「被災地の幼稚園や児童館を回っているのでぜひください」と言って引き受けてくれた。

加藤●段ボール箱で何箱も来て，自治体として受け入れられる量をオーバーしていたんです。レゴの形をした音楽プレーヤーでした。電池入りでブロックにイヤホンがついているもの。

西村●図書館はいろんな相談を受けるんですよね。

加藤●あのときは仲介をありがとうございました。

吉田●私は陸前高田市立図書館のことが一番印象に残っています。2012年の1月のHelp-Toshokanツアーのときに全壊した館内に入ったら，冬の晴天のもと，骨組みだけになった建物の天井からぶらさがった金属が強い風に乾いた音を立てていた。その情景と音が忘れられない。その辺りは震災前には人がたくさんいた街だったんです。そのツアーでは，陸前高田古文書研究会の方のお話も聞きました。震災前に図書館から委託されて「吉田家文書」を解読していた佐藤美智子さんは，車庫に積み上げられていた本について，「私は役所の人間ではないから手は出せないけれど，あそこには大事な本もあるんです」と語ってくれました。3月に被災資料の救済活動に入ることになったとき，図書館や博物館だった敷地の一角にお花が供えられていたところに私もお花を供えて，「これから資料のレスキューに入りますけれど，本当に大事な本は見えやすいところに出しておいてくださいね」と，犠牲になった職員の方々にお祈りしてから作業を始めました。でも，本当に大事な資料を全部取り出すことができたかどうかは，実際のところわからないです。重要なものを選んで救済するというのは教科書どおりで正しいことだし，クリーニングや修復にはたくさんの人手も時間もかかって，あのときあれ以上のことは，実際できなかっただろうと思う。それでも，もっと救えていたらとも思ってしまう。県立図書館で所蔵しているということで修復対象から漏れたものも，陸前高田市立図書館で長く市民に必要とされて使われてきた郷土資料でした。震災前にはあんな災害が起こると思われていなかったけれど，今後はああいう思いをしなくていいように，防災対策をみんなが考えなくてはいけませんね。陸前高田市では，私たちが本の救済活動をしていることを知った市民から，「自宅が津波にあって，紙は濡れたらもうだめだと思ってみんな捨ててしまった。大事なものもあったけれども」と言われました。これからは，紙資料も修復できるものがあるということを一般に広めていくことも必要だと思う。

小山●私は2011年の3月で定年退職したあと，Help-Toshokanツアーに2回行って，いろいろ見て，私でもできることがあったらしたいと思っていたら，「じゃあ来て」と言われて，2012年の6月半ばから委員会に参加するようになりました。やっぱり学校図書館の整備が印象的です。7月から東松島市の学校図書館整備支援へ行った。子どもにとっての身近な図書館は学校図書館です。そして，大部分の子どもにとって，これからも身近にあるのは学校図書館です。子どもが本に触れる機会ができるといいな，と思いながら支援しました。Help-Toshokanツアーで，陸前高田市立図書館に行ったときに，自動車図書館の車庫に積み重なっている資料を見て，この中の地域資料を救えると思えなかった。あの中から救済したのはすごいなと思った。気持ちと技術，力量は誇ってもよいのではないかと思います。やはりHelp-Toshokanツアーのとき，三陸公民館（大船渡市）で見た景色が忘れられません。2階の窓が割れたところにカラフルな布団がかかっていた。なんとシュールな光景だろうと思って，脳裏に焼き付いてしまった。石巻市に支援に行ったときに，「これから夕飯どうされるの？」と聞かれたので，おすすめのお店を聞いたら，横道に入った家族経営のお店を紹介されました。そのあと3回くらい行った。忘れられない思い出です。

宍戸●私は委員になって4年めですが，会計や書類整理などをしていて，被災地に行って作業をしたことはないんです。私は故郷が福島県の伊達市で，大学1年生のときに，仙台から東京まで徒歩旅行をしたことがあった。民法の中川善之助先生を慕う学生が，東京の先生のところに行くことが1961年から69年まで続いていた。それから50年になるので思い出の冊子を出すことになり，書き上げた原稿を担当者に送ったのが，震災前日の2011年3月10日の夜でした。その徒歩旅行をした太平洋岸のあたりが，ほとんど全部被災してしまった。それから，退職した2009年に大洗から苫小牧へフェリーで旅行をしたときに夜が明けて見た三陸の凸凹した山が，全部やられてしまった。私が通った道，見た海岸線がみんなやられてしまった。それで何かお手伝いしたかったので，委員になりました。でも震災直後は，協会が公益社団法人になるときの代議員選挙の真っ最中で，震災対策委員会のことは記憶にない。西村さんの後に，桜の聖母学院短期大学の「レファレンスサービス演習」の集中講義を1年したのがその頃の貢献かな。感想としては，委員になってから一ツ橋綜合財団の寄附による助成金の手続きをしていたとき，学校図書館，公民館図書室から申請が一番来ていて，貧弱なまま見捨てられているという，図書館がおかれている課題が感じられた。これから図書館災害対策委員会で助成を行うときも，助成への応募の状況を課題として受け止めることが，図書館のあり方を考える原点になるのではないかと思いました。

加藤●ありがとうございました。

注：1）東日本大震災対策委員会の設置期間は，震災から10年の2021年3月までである。現在，同委員会は2015年12月に設置された「図書館災害対策委員会」の小委員会の位置づけになっており，設置期間終了後に残る課題等は，図書館災害対策委員会に引き継がれる予定。

■**日本図書館協会東日本大震災対策委員会の活動**(時系列)

2011年	
3月	担当常務理事を置く
3月18日	被災者の会員に対する2011年度会費の免除決定
3月24日	被災地への公衆送信による著作物の提供について協力要請
3月25日	委員長を理事長として，東日本大震災対策委員会立ち上げ
3月28日	日本図書館協会ホームページに「東日本大震災」のページ開設(日本語・英語)
4月〜	義援金募集
4月7日〜 5月29日	気仙沼市図書館（宮城県）を中心とした被災地への読書提供活動 (協力：気仙沼市図書館，〈大震災〉出版対策本部*，日本化学会，日本ブッカー，キハラ，すずき出版) 下見，第1次〜4次　延べ49名参加，延べ19日間の活動 *日本書籍出版協会・日本雑誌協会・日本出版クラブ，出版関係諸団体によって設立(3月23日)
4月26日	「東日本大震災により被災した図書館の復旧，復興のための施策について」 文部科学省，民主党に要望書提出
4月29日〜5月5日，16〜27日	東松島市図書館（宮城県）ブックコーティング・こどもの広場
4月〜	宮城県内の図書館への寄贈図書用ブックコーティング材支援の仲介 (支援：日本ブッカー)
5月6，9日	被災地の子どもたちに配布する児童書の仕分け（於：東京）
5月23日〜 2013年8月	電子書籍を活用した東日本大震災支援サイト開設 (協力：日本ユニシス)
5月25日〜	協会1階ロビーで被災地図書館の写真展示
5月26日	緊急集会「東日本大震災状況報告ー各地の図書館がいまなすべきことは何か」　(協力：キハラ・栗原研究室・saveMLAK*) *博物館・美術館(M)，図書館(L)，文書館(A)，公民館(K)(M＋L＋A＋K＝MLAK)の被災・救援情報サイト
6月4，17日	気仙沼市図書館（宮城県）に提供する自動車図書館の図書積載 (支援：〈大震災〉出版対策本部)
6月11日	支援情報交換会 岩手・宮城・福島の各県立図書館担当者，東日本大震災対策委員会

6月22日〜	日本新聞協会を訪問　東日本大震災被災地の新聞についての協力依頼 常備新聞の欠号補充事業　（協力：日本新聞協会，各新聞社） 欠号新聞原紙寄贈の仲介 （協力：調布市立図書館，多摩市立図書館，町田市立図書館）
6月30日〜7月1日	矢吹町図書館（福島県）図書2,400冊の蛍光灯破片除去（第1回目）　（協力：共同保存図書館・多摩）
7月	気仙沼市図書館（宮城県）へ図書館用品（書籍運搬箱）支援
7月2〜3日	東松島市図書館（宮城県）でブックコーティング講習会 （協力：日本ブッカー）
7月13日	「東日本大震災に関する図書館支援窓口」開設 ＊支援を必要とする図書館と図書館への支援を行う人・図書館などを結ぶ支援サイト
	修理ボランティア養成講座開催 （協力：日本図書館協会資料保存委員会）
7月14日	南相馬市立中央図書館（福島県）訪問
7月27日〜2012年6月末	移動図書館車の再活用 三島市（静岡県）の移動図書館ジンタ号（3世），気仙沼市図書館で再活用 （協力：日本外交協会，SAPESI-Japan）
8〜10月	南三陸町図書館（宮城県）へ仮設図書館業務システム支援・コンピュータ関係機材等支援 無線LANルーター・Access 2010，ラミネート加工機等の提供，バーコードラベル，利用者カード，図書受入フォーム（Access使用）作成，バーコードラベル印刷
8月3日	茨城県立図書館で図書修理ボランティア
8月14日	IFLAサンファン大会（プエルトリコ） 開会式直後のセッション「震災からの復興」で日本の震災状況について報告（日本図書館協会国際交流事業委員会）
8月20〜21日	ブックコーティング講習会（宮城県南三陸町） （協力：日本ブッカー）
8月24日，9月12日	石巻市図書館（宮城県）への寄贈図書にブックコーティング作業（於：東京）
9〜12月	大活字図書の被災地図書館への寄贈　50冊×40館（実績は39館） （協力：大活字文化普及協会・日本ブッカー）
9月〜	被災地図書館の写真セット貸出開始

9月4日～ 11月10日	矢吹町図書館（福島県）図書 2,400 冊の蛍光灯破片除去（第 2 回目） 東京に運び除去作業　（協力：共同保存図書館・多摩）
9月7日	被災地の図書館の施設会員会費の免除決定
9月26日	東日本大震災被災地図書館に対する図書館支援情報交換会 第 1 部　岩手・宮城・福島・茨城の各県立図書館担当者，東日本大震災対策委員会 第 2 部　第 1 部参加者＋国立国会図書館，文部科学省，〈大震災〉出版対策本部，図書館振興財団，シャンティ国際ボランティア会，saveMLAK
9月28日～	移動図書館車の再活用の仲介 岩見沢市立図書館（北海道）の移動図書館「あおぞら号」を名取市図書館（宮城県）で再活用
9月28～30日	「製本講習会」開催　（協力：茨城・福島・宮城各県立図書館，宮城県公立図書館等連絡会議ほか各県図書館協会，キハラ） 茨城県：9 月 28 日常陸太田市立図書館 19 名， 29 日茨城県立図書館 26 名，30 日潮来市立図書館 28 名 合計 73 名
10月	見舞品提供の仲介 折り鶴を茨城県立図書館へ　（支援：米国マッサー図書館）
10月1日	第 97 回全国図書館大会多摩大会シンポジウム「“Help-Toshokan”から，ともに目指す復興へ」 講演者派遣
10月13～14日	被災地図書館職員の第97 回全国図書館大会多摩大会参加費助成
10月17日	資料保存委員会による補修・修理研修会　筑西市立図書館（茨城県）
10月18～19日， 11月1日	「製本講習会」開催　（協力：茨城・福島・宮城各県立図書館，宮城県公立図書館等連絡会議ほか各県図書館協会，キハラ） 福島県：10 月 18 日白河市立図書館 19 名， 19 日須賀川市立図書館 21 名， 11 月 1 日会津若松市立会津図書館 21 名　合計 61 名
10月27日～ 2012年2月9日	石巻市図書館（宮城県）への図書寄贈の仲介 （支援：立川市図書館）
10月28日	山梨県図書館大会　講演者派遣
10月29～30日	映画「男はつらいよ」上映会実施　（協力：松竹） 気仙沼市（宮城県）
11月～2012年3月	2 次避難者のために新聞「福島民友」・「福島民報」各 25 部（50館分）の全国の公共図書館への寄贈
11月5日	映画「男はつらいよ」上映会実施　（協力：松竹） 大船渡市（岩手県）

11月9日	第13回図書館総合展震災フォーラム　講演者派遣
11月24日	資料保存委員会による補修・修理研修会 福島県高等学校司書研修会県南部会
11月24～25日, 12月2日	「製本講習会」開催　（協力：茨城・福島・宮城各県立図書館，宮城県公立図書館等連絡会議ほか各県図書館協会，キハラ） 宮城県：11月24日仙台市民図書館, 25日登米市視聴覚センター, 12月2日宮城県大河原合同庁舎　合計64名
11月28日	東日本大震災被災地図書館に対する支援情報交換会 国立国会図書館，saveMLAK，東日本大震災対策委員会
2012年	
1月19～20日	日本図書館協会図書館施設委員会　第33回図書館建築研修会 「東日本大震災に学ぶ」開催
1月21～23日	Help-Toshokanツアー（第1回）　（協力：岡本真） “東北を知ろう～岩手県沿岸部を巡る2泊3日～” 参加者数：21名　訪問先：岩手県立図書館，宮古市立図書館，山田町立図書館，大槌町教育委員会，釜石市立図書館，大船渡市立図書館，陸前高田市立図書館・教育委員会
1月28日	第5回日本図書館協会九州地区図書館の集い　講演者派遣
1月30～31日	「にじのライブラリー」（岩手県陸前高田市）への図書寄贈の仲介　（支援：調布市部課長会） 「にじのライブラリー」への寄贈図書にブックコーティング作業（於：東京）
2月12日	第6回日本図書館協会東海地区会員のつどい　講演者派遣
2月27日	図書寄贈の仲介 日本写真家協会の東日本大震災の写真集『生きる』の被災地図書館への寄贈
3月	図書館用品（製本・修理講習会用工具）の岩手・宮城・福島各県立図書館への提供
	震災関係週刊誌寄贈の仲介　（支援：日本雑誌協会）
	福島県立図書館へ仮設住宅・仮設学校支援用組み立て式段ボール書架提供
	南三陸町（宮城県）への図書館用品（ラベル）の寄贈の仲介　（支援：八王子市立図書館）
3月2～4日	Help-Toshokanツアー（第2回）　（協力：saveMLAKプロジェクト） “東北を知ろう～宮城県を巡る2泊3日～JLA×saveMLAK” 参加者数：26名　訪問先：宮城県図書館，登米市迫図書館，気仙沼市気仙沼図書館，南三陸町図書館，石巻市図書館，名取市図書館，亘理町（車窓），山元町（車窓）

3月17～18日	七ヶ浜町図書センター（宮城県）再開館のための図書移動・配架支援活動
3月17～19日	陸前高田市立図書館（岩手県）の郷土資料救済支援 （岩手県立図書館） 第一期活動 （協力：日本図書館協会，共同保存図書館・多摩，いわて高等教育コンソーシアム「被災地の図書修復及び整備についての研究チーム」）
3月20日	よこはまライブラリーフレンド16周年講演会＆報告会 講演者派遣
3月26日	福島県立図書館仮設住宅支援用図書の支援 絵本，児童用読み物など約1,700冊を選択，箱詰め作業（於：東京）
～3月31日	被災地図書館の写真セット貸出 （2011年度）8セット，45図書館・機関に貸出
4月～	日本図書館協会資料室震災関係資料の収集への協力
4月6日	宮城県図書館へブックコーティング材支援の仲介 （支援：江東区立図書館）
4月20日	支援情報交換会 saveMLAK，国立国会図書館，〈大震災〉出版対策本部，シャンティ国際ボランティア会，図書館振興財団，文部科学省，JBBY，東日本大震災対策委員会
5月	『みんなで考える図書館の地震対策』（日本図書館協会2012.5刊）編集への協力
5月18日	大阪公共図書館協会総会　講演者派遣
5月23日	女川町教育委員会（宮城県）訪問
	「図書館の振興と発展をめざす懇談会（院内集会）」　講演者派遣
5月24日	情報交換会 岩手，宮城，福島の各県立図書館担当者，東日本大震災対策委員会
5月30日	1年間の活動報告会（於：日本図書館協会）
6月～	学校図書館へのパソコン提供の仲介　（支援：リース事業協会）
6～11月	福島県立図書館へ仮設住宅支援用図書の支援団体紹介 （支援：千葉県立図書館，〈大震災〉出版対策本部，東京都公園協会，日本シャーロック・ホームズ・クラブ，岡山県立図書館）
6月1～3日	Help-Toshokanツアー（第3回）　（協力：saveMLAKプロジェクト） 福島県内被災地図書館　訪問と交流の会　参加者数：24名 訪問先：福島県立図書館，新地町図書館，南相馬市立中央図書館，郡山市立中央図書館，白河市立図書館

6月2～3日	女川つながる図書館（宮城県女川町）ブックコーティング作業支援協力 （協力：日本ブッカー）
6月3～5日	陸前高田市立図書館（岩手県）の郷土資料救済支援 （岩手県立図書館） 第二期活動 （協力：日本図書館協会，国立国会図書館，共同保存図書館・多摩，盛岡大学，岩手県立博物館）
6月15日	支援情報交換会 saveMLAK，国立国会図書館，〈大震災〉出版対策本部，シャンティ国際ボランティア会，図書館振興財団，文部科学省，JBBY，全国SLA，東日本大震災対策委員会
7月21日～ 11月17日	東松島市（宮城県）学校図書館整備支援 第1回7月21～22日，第2回8月6～7日， 第3回8月8日，第4回8月9～10日， 第5回8月20～21日，第6回8月22日， 第7回8月23～24日，第8回8月25～26日， 第9回8月27～28日，第10回9月7～9日， 第11回9月24～25日，第12回10月2日， 第13回10月3～4日，第14回11月15～17日
8月13～14日	IFLAヘルシンキ大会　ポスターセッション報告
8月16日	首都大学東京から宮城県図書館への図書館家具提供の運搬費支援
8月28日	第2回岡山県図書館協会セミナー　講演者派遣
9月4～6日	女川つながる図書館（宮城県女川町）ブックコーティング作業支援協力 （協力：日本ブッカー）
9月7日～ 11月25日	宮城県図書館特別展「復興の道標－東日本大震災文庫展 III」 日本図書館協会支援活動紹介パネルや活動に使われた物品，被災した図書などを展示
9月21日	支援情報交換会 saveMLAK，国立国会図書館，〈大震災〉出版対策本部，シャンティ国際ボランティア会，図書館振興財団，文部科学省，JBBY，全国SLA，日本ユネスコ協会連盟，東日本大震災対策委員会
9月27日	資料保存委員会による補修・修理研修会　仙台市民図書館
10月	第3期（2013年度）日本図書館協会「認定司書」被災地図書館会員の審査料全額免除
10月7日	図書館情報学橘会公開シンポジウム「－絆－図書館と震災を語り継ぐ」　講演者派遣
10月25日	第98回全国図書館大会島根大会で震災パネル展示

11月〜	日経新聞デジタル版3年間無償提供の仲介　大槌町立図書館（岩手県），宮城県図書館　（支援：日本経済新聞社）
11月	飯舘村（福島県）寄贈図書用ブックコーティング材支援の仲介　（支援：日本ブッカー）
11月6日	川崎市立図書館「見て，聞いて，話す　震災と本と人」講演者派遣
11月10日	「福島県の図書館を考えるシンポジウム」 共催：福島県公共図書館協会
12月1日	西東京市図書館文化講演会（連続講演会）「東日本大震災被災地は，いま…」第1回「図書館も被災した〜被災状況と支援活動〜」講演者派遣
12月12日	情報交換会 岩手・宮城・福島の各県立図書館担当者，東日本大震災対策委員会
12月14日	飯舘村（福島県）ブックコーティング講習会　（支援：日本ブッカー）
12月21日	支援情報交換会 saveMLAK，国立国会図書館，〈大震災〉出版対策本部，シャンティ国際ボランティア会，図書館振興財団，文部科学省，JBBY，全国SLA，日本ユネスコ協会連盟，東日本大震災対策委員会
2013年	
1月21日	図書館問題研究会第38回東北集会　発表者派遣
1月26日	西東京市図書館文化講演会（連続講演会）「東日本大震災被災地は，いま…」第2回「被災地幼稚園で水戸黄門を歌う園児」講演者派遣
2月1日〜 5月22日	岩沼市民図書館，女川町女川つながる図書館，南三陸町図書館（宮城県）への震災時新聞原紙の寄贈の仲介　（支援：日野市立図書館）
2月5日	福島県立図書館へ仮設住宅支援用図書の支援団体紹介　（支援：日本シャーロック・ホームズ・クラブ）
2月5〜7日	東京都多摩地域公立図書館大会で震災パネル展示
2月18日	第39回図書館問題研究会研究集会　発表者派遣
2月24日	女川町女川つながる図書館（宮城県）ほか宮城県内の図書館へ「図書館の自由に関する宣言ポスター」寄贈
3月	宮城県図書館，福島県立図書館への棚差しプレート支援の仲介
3月12日	支援情報交換会 「あしたの本」プロジェクト，国立国会図書館，シャンティ国際ボランティア会，saveMLAK，全国SLA，図書館振興財団，文部科学省，国際子ども図書館を考える全国連絡会，東日本大震災対策委員会

3月7～16日	写真展「福島県の図書館を考える―警戒区域の図書館から」開催（於：日本図書館協会）（写真提供協力：大熊町，双葉町，富岡町，浪江町）
3月18～19日	岩手県立高田高校被災資料救済作業（いわて高等教育コンソーシアム「被災地の図書修復および整備についての研究チーム」） （視察・作業参加：日本図書館協会，明星大学）
3月21日	遠野文化研究センター（岩手県）視察
～3月31日	(2012年度)被災地図書館の写真セット貸出　24図書館・機関
5月22日	帰還困難区域の大熊町図書館（福島県）への同行調査 （福島県立図書館，図書館施設委員会，東日本大震災対策委員会）
5月31日	日本児童文学者協会文学賞贈呈式・表彰式会場ロビーで震災パネル展示
6月18日	A-yan Tokyo『震災が残したもの』の宮城県内図書館への寄贈の仲介
6月20日	居住制限区域の富岡町図書館（福島県）への同行調査（福島県立図書館，東日本大震災対策委員会）
6月23日	東松島市図書館（宮城県）製本講習　（協力：資料保存委員会）
6月24日	読売ジャイアンツファンサービス部からの支援申し出の仲介
7月4日	情報交換会 岩手，宮城，福島の各県立図書館担当者，東日本大震災対策委員会 （支援団体オブザーバー参加：saveMLAK，シャンティ国際ボランティア会，文部科学省，日本ユネスコ協会連盟）
	支援情報交換会 〈大震災〉出版対策本部，シャンティ国際ボランティア会，saveMLAK，全国SLA，図書館振興財団，日本ユネスコ協会連盟，東日本大震災対策委員会 （県立図書館オブザーバー参加：宮城県図書館）
8月5日	東松島市図書館，石巻市立小学校，女川町(宮城県）へ段ボール箱寄贈の仲介　（支援：トーハン，協力：〈大震災〉出版対策本部）
8月5～7日	東松島市（宮城県）学校図書館整備支援　鳴瀬未来中学校
8月6～8日	東松島市（宮城県）学校図書館整備支援　鳴瀬桜華小学校
8月19～21日，10月5日	石巻市立北上小学校図書館（宮城県）整備支援
9月17日	支援情報交換会 〈大震災〉出版対策本部，シャンティ国際ボランティア会，saveMLAK，国立国会図書館，全国SLA，東日本大震災対策委員会

9月26日	女川町（宮城県）への譲渡地域資料・参考資料の運搬支援
9月30日	石巻市立蛇田小学校図書館（宮城県）へのブックコーティング材の支援
10月15～18日	写真展「あの日から948日―震災・津波と図書館―」（会場：東京学芸大学図書館　主催：図書館情報学山口ゼミ）への協力
10月23～25日	石巻市立蛇田小学校図書館（宮城県）整備支援
	韓国図書館大会50回記念大会講演者派遣
10月26日～ 11月5日	千葉市図書館情報ネットワーク協議会加盟館紹介展会場における震災展示への協力　（会場：千葉市生涯学習センター，主催：千葉市図書館情報ネットワーク協議会）
11月12日～ 2014年3月31日	被災地図書館復興支援図書カードの寄贈 希望館を募集し，岩手県（野田村立，大槌町立，山田町立，宮古市立，陸前高田市立），宮城県（石巻市，加美町小野田，塩竈市民，富谷町富谷中央公民館，美里町小牛田，白石市，角田市，蔵王町立，亘理町立），福島県（新地町，須賀川市，田村市，南相馬市立中央，いわき市立いわき総合）の各図書館へ提供を決定
11月15日	学校図書館支援についての打合わせ 〈大震災〉出版対策本部，全国SLA，東日本大震災対策委員会
11月21日	第99回全国図書館大会福岡大会で震災パネル展示
11月25日	図書（乃南アサ著『新釈にっぽん昔話』）の岩手・宮城・福島県内図書館への寄贈の仲介　（支援：乃南アサ，文藝春秋）
11月29日	学校図書館支援についての打合わせ プロジェクト結，東日本大震災対策委員会
12月2～7日	白百合女子大学図書館「東日本大震災写真パネル展～震災・津波と図書館～」への協力　（主催：白百合女子大学図書館司書課程）
12月10日～ 3月9日	東松島市図書館（宮城県）震災アーカイブのデジタル写真データ整理支援　（協力：白百合女子大学）
12月11，17～19， 25～27日	石巻市立石巻小学校（宮城県）学校図書館整備支援　（協力：プロジェクト結）
12月20日	支援情報交換会 〈大震災〉出版対策本部，シャンティ国際ボランティア会，saveMLAK，国立国会図書館，全国SLA，東日本大震災対策委員会
	東松島市図書館（宮城県），東松島市内学校図書館への図書寄贈の仲介　（支援：日本シャーロック・ホームズ・クラブ）

2014年	
1月4～19日	西東京市図書館で震災パネル展示 1月4～9日田無庁舎ロビー，1月11～13日ひばりが丘図書館講座室，1月17～19日中央図書館
1月16日～2月28日	練馬区立図書館で震災パネル展示
1月18日	西東京市図書館文化講演会（連続講演会）「あの日から1000日を経て～地震・津波・原発と図書館～」第1回「本，ことば，記憶のちから」 講演者派遣
1月24日	丸森町金山図書館（宮城県）ブックコーティング講習会 （支援：日本ブッカー）
1月24日～2月2日	瑞穂町図書館（東京都）で震災パネル展示と被災地支援報告
2月4日	情報交換会 岩手・宮城・福島の各県立図書館担当者，東日本大震災対策委員会 （支援団体オブザーバー参加：saveMLAK，日本ユネスコ協会連盟）
2月7日	国立国会図書館の陸前高田市吉田家文書修復作業の見学
2月13～14日	石巻市立渡波小学校，住吉小学校，蛇田中学校（宮城県）図書館整備支援 （協力：プロジェクト結）
3月9日	西東京市図書館文化講演会（連続講演会）「あの日から1000日を経て～地震・津波・原発と図書館～」第2回「（旧）警戒区域の図書館に入る」 講演者派遣
3月14日	支援情報交換会 図書館振興財団，〈大震災〉出版対策本部，「あしたの本」プロジェクト，シャンティ国際ボランティア会，saveMLAK，国立国会図書館，東日本大震災対策委員会
3月24日	平田村公民館図書室（福島県）へ児童書寄贈の仲介 （支援：日本児童文学者協会）
～3月31日	（2013年度）被災地図書館の写真セット貸出 15図書館・機関 写真パネル・被災資料貸出 5図書館
4月21日，5月12日，6月9日	涌谷町立涌谷中学校（宮城県）学校図書館整備支援
6月	浪江in福島ライブラリーきぼう（仮設浪江図書館）への雑誌等購入用図書カード寄贈
6～9月	CD寄贈の仲介 岩手県20館，宮城県18館，福島県29館 合計67館 （支援：日本レコード協会）
6月20日	支援情報交換会 saveMLAK，図書館振興財団，シャンティ国際ボランティア会，国立国会図書館，〈大震災〉出版対策本部，東日本大震災対策委員会

6月27日	情報交換会 岩手・宮城・福島の各県立図書館担当者，東日本大震災対策委員会 （支援団体オブザーバー参加：シャンティ国際ボランティア会，図書館振興財団，日本ユネスコ協会連盟，saveMLAK）
7～8月	気仙沼市図書館，南三陸町図書館（以上，宮城県）への段ボール箱支援 （協力：トーハン）
7月	気仙沼市図書館（宮城県）への資料保存用中性紙封筒支援
	南三陸町立伊里前小学校（宮城県）学校図書館へのバーコードラベル等整理・装備用品支援
8月6～8日，8月19～24日	気仙沼市気仙沼図書館（宮城県）資料整備支援 （協力：宮城県図書館，saveMLAK）
8月18～28日	東松島市（宮城県）学校図書館整備支援　矢本西小学校
8月19～22日，9月16～19日	南三陸町立伊里前小学校（宮城県）学校図書館整備支援 （協力：宮城県図書館，saveMLAK）
9月24日～12月31日	東松島市図書館（宮城県）震災アーカイブのデジタル写真データ整理支援 （協力：白百合女子大学）
10月10日	支援情報交換会 シャンティ国際ボランティア会，国立国会図書館，〈大震災〉出版対策本部，日本親子読書センター，東日本大震災対策委員会
11月1日	第100回全国図書館大会東京大会で震災パネル展示
11月25日～2015年3月31日	被災地図書館復興助成金（2014年度）による助成 （岩手県）岩泉町立図書館，奥州市立胆沢図書館，大船渡市立図書館，野田村立図書館，宮古市立図書館，山田町立図書館，岩泉町立小本小学校，大槌町立大槌小学校，田野畑村アズビィ楽習センター，（宮城県）石巻市図書館，角田市図書館，気仙沼市本吉図書館，塩竈市民図書館，多賀城市立図書館，名取市図書館，南三陸町図書館，亘理町立図書館，七ヶ浜町中央公民館，涌谷町涌谷公民館，（福島県）新地町図書館，須賀川市図書館，二本松市立岩代図書館，福島市立図書館，矢祭もったいない図書館，田村市立古道小学校 （支援：一ツ橋綜合財団）
12月5日	情報交換会 岩手・宮城・福島の各県立図書館担当者，東日本大震災対策委員会 （支援団体オブザーバー参加：saveMLAK，国立国会図書館，図書館振興財団，日本親子読書センター）
	支援情報交換会 saveMLAK，シャンティ国際ボランティア会，国立国会図書館，日本親子読書センター，東日本大震災対策委員会 （被災地図書館オブザーバー参加：宮城県図書館）
12月24～26日	石巻市立開北小学校（宮城県）学校図書館整備支援

2015年	
1月5～8日	東松島市（宮城県）学校図書館整備支援　鳴瀬未来中学校（第2回）
	東松島市（宮城県）学校図書館整備支援　矢本西小学校（第2回）
2月11日	国際セミナー「災害からの復旧に果たす図書館の役割」（日本図書館協会・IFLA/RSCAO共催）講演者派遣
3月15日～4月6日	陸前高田市立図書館（岩手県）へのブックコーティング材支援 （「陸前高田図書館応援団」の〈大震災〉出版対策本部寄贈図書装備支援活動への協賛）
3月20日	陸前高田市立図書館（岩手県）被災資料返還式 （於：陸前高田市役所）　出席：陸前高田市，東京都立図書館，岩手県立図書館，日本図書館協会
3月30日～4月3日	石巻市立桜坂高等学校図書館（宮城県）整備支援 （協力：宮城県内学校図書館司書，プロジェクト結）
～3月31日	（2014年度）被災地図書館の写真セット貸出　16図書館・機関
5～8月	CD寄贈の仲介　岩手県23館，宮城県11館，福島県41館 合計75館　（支援：日本レコード協会）
5～9月	陸前高田市立図書館（岩手県）再建のための「陸前高田市図書館検討委員会」アドバイザー旅費の支援
6月1～2，8日	浪江町立小学校図書室（福島県）への児童書支援（ブックコーティングおよび寄贈）
7月3日	情報交換会および支援情報交換会 岩手・宮城・福島の各県立図書館担当者，saveMLAK，シャンティ国際ボランティア会，日本親子読書センター，国立国会図書館，東日本大震災対策委員会
8月～2016年3月	被災地図書館復興助成金（2015年度）による助成 （岩手県）陸前高田市立図書館，山田町立図書館， （宮城県）名取市図書館，気仙沼市気仙沼図書館，石巻市図書館，女川町図書室，（福島県）福島県立図書館，南相馬市立中央図書館，福島県立梁川高等学校，福島県立磐城農業高校，福島県立湯本高等学校　（支援：一ツ橋綜合財団）
9月30日～10月1日	被災地図書館視察訪問 南三陸町図書館，気仙沼市気仙沼図書館（以上，宮城県），陸前高田市立図書館，大槌町立図書館，山田町立図書館（以上，岩手県）
10月2日～	福島県立双葉高等学校への図書購入支援
10月16日	第101回全国図書館大会東京大会で震災パネル展示
10月19日～2016年3月31日	陸前高田市立図書館（岩手県）再建のためのアドバイザー旅費の支援

11月17～18日	被災地図書館視察訪問 平工業高等学校，双葉高等学校，磐城農業高等学校，ふたば未来学園高等学校，南相馬市立小高図書館，いわき市立いわき総合図書館（以上，福島県）
12月16日	被災地図書館支援活動記録の日本図書館協会資料室への寄贈呼びかけ
12月18日	日本図書館協会，図書館災害対策委員会を設置
2016年	
1月26日	南相馬市立中央図書館，福島県立図書館（以上，福島県）訪問
1月29日	東日本大震災対策委員会，図書館災害対策委員会の小委員会の位置づけになる
2月2日	南三陸町図書館（宮城県），陸前高田市立図書館（岩手県）再建支援の仲介　（支援：シンガポール赤十字社）
2月8～9日	2015年度第37回日本図書館協会施設委員会図書館建築研修会「東北における新たな図書館の動き〈震災から立ち上がる図書館〉」への再建図書館参加費助成，講演者派遣
2月18日	情報交換会および支援情報交換会 岩手・宮城・福島の各県立図書館担当者，国立国会図書館，シャンティ国際ボランティア会，〈大震災〉出版対策本部，図書館振興財団，プロジェクト結，東日本大震災対策委員会
3月1～4日	東松島市立宮戸小学校（宮城県）図書館統合移転のための段ボール箱支援　（協力：トーハンロジテックス，〈大震災〉出版対策本部）
3月2日	陸前高田市立図書館（岩手県）訪問
3月8日	山田町立図書館（岩手県）移転開館のための段ボール箱支援 （協力：トーハンロジテックス，〈大震災〉出版対策本部）
3月25，28～30日	東松島市（宮城県）学校図書館整備支援　宮野森小学校
～3月31日	(2015年度) 被災地図書館の写真セット貸出　11図書館・機関
5月9～10日	被災地図書館視察訪問 南三陸町図書館，宮城県図書館（以上，宮城県）
5月20～21日	被災地図書館視察訪問 大槌町立大槌学園（岩手県）学校図書館
5～9月	CD寄贈の仲介　岩手県23館，宮城県46館，福島県32館 合計101館　（支援：日本レコード協会）
6月13日	南三陸町図書館（宮城県）への，公民館図書室再開のための段ボール箱支援　（協力：〈大震災〉出版対策本部，日販物流サービス）

7月11～15日	協会２階で被災地図書館の写真，資料保存パネル等の展示 （東日本大震災対策委員会，資料保存委員会）
7月12日	大槌町立大槌学園（岩手県）学校図書館の新設校舎移転用段ボール箱支援　（協力：〈大震災〉出版対策本部，日販物流サービス）
7月15日	大槌町立大槌学園（岩手県）新設校舎学校図書館資料整備用装備用品支援　（協力：日本ブッカー）
8月2日	福島県立双葉高等学校への新聞購入支援
8月18日	情報交換会および支援情報交換会 岩手・宮城・福島の各県立図書館担当者，国立国会図書館，saveMLAK，全国SLA，〈大震災〉出版対策本部，日本親子読書センター，図書館災害対策委員会，東日本大震災対策委員会
9月～2017年3月	岩手県・宮城県・福島県の学校図書館に対する支援事業 〈図書カード寄贈・選書支援・図書整備支援〉協力支援 （支援：〈大震災〉出版対策本部） 被災地図書館復興助成金（2016年度）による助成 （岩手県）大船渡市立図書館，（宮城県）柴田町立槻木小学校，山元町立山下第二小学校，宮城県農業高等学校，（福島県）新地町図書館，本宮市立しらさわ夢図書館，福島県立勿来工業高等学校，福島県立富岡養護学校，福島県立川俣高等学校，福島県立いわき総合高等学校 （支援：一ツ橋綜合財団）
9月16～19日	大槌町立大槌学園（岩手県）新設移転のための学校図書館整備支援 （協力：関東学院大学，盛岡大学）
10月	陸前高田市立図書館（岩手県）救済郷土資料写真の復元支援 （協力：国際マイクロ写真工業社）
10月2日	東大和市立図書館・東大和の図書館を考える会「忘れない講演会＆写真展　被災図書館のあの時と今まで」講演者派遣
10月12日	被災地図書館視察訪問　南三陸町図書館（宮城県）
10月20日	大槌町立図書館（岩手県）への参考図書寄贈の仲介および支援 （協力：共同保存図書館・多摩）
2017年	
1月5～6日	東松島市立宮野森小学校学校図書館（宮城県）整備支援 （協力：東北福祉大学）
2月13日～ 12月26日	協会1階ロビーで宮野森小学校学校図書館（宮城県）整備支援活動関連の写真展示
3月21～24日	釜石市立唐丹小学校図書館，唐丹中学校図書館（岩手県）整備支援

3月28～29日	南三陸町図書館（宮城県）への寄贈図書整備支援
～3月31日	(2016年度）被災地図書館の写真セット貸出　2図書館・機関
4月19日	南三陸町図書館（宮城県）への参考図書等寄贈 （支援：カリタス女子短期大学）
6～8月	CD寄贈の仲介　岩手県40館，宮城県19館，福島県37館 合計96館　（支援：日本レコード協会）
7月	陸前高田市立図書館（岩手県）への視聴覚資料購入支援
7月31日～8月4日	釜石市立唐丹中学校図書館（岩手県）整備支援（第2回）
8月21～22日	いわき市立豊間中学校図書館（福島県）整備支援
8月22日	富岡町図書館（福島県）訪問
9月4日	学校図書館支援についての打ち合わせ 〈大震災〉出版対策本部，全国SLA，東日本大震災対策委員会
9月5日～12月6日	富岡町図書館（福島県）への震災・防災関係資料寄贈の仲介と装備支援　（寄贈支援：〈大震災〉出版対策本部） ※贈呈式12月7日　（於：富岡町文化交流センター）
9月29日	情報交換会および支援情報交換会 岩手・宮城・福島の各県立図書館担当者，〈大震災〉出版対策本部，国立国会図書館，シャンティ国際ボランティア会，東日本大震災対策委員会
11月～ 2018年3月	被災地図書館復興助成金（2017年度）による助成 （岩手県）山田町立図書館，岩泉町立図書館，（宮城県）気仙沼市本吉図書館，名取市図書館，山元町坂元公民館図書室，（福島県）富岡町図書館，楢葉町コミュニティセンター図書館 （支援：一ツ橋綜合財団）
11月27日	CD寄贈支援についての懇談 日本レコード協会，東日本大震災対策委員会
2018年	
3月31日	気仙沼市気仙沼図書館（宮城県）開館式出席
～3月31日	(2017年度）被災地図書館の写真セット貸出　3図書館
4月20日	気仙沼市図書館（宮城県）への児童書寄贈の支援への協力 （支援：調布市立図書館，協力：共同保存図書館・多摩）
6～11月	CD寄贈の仲介　岩手県24館，宮城県22館，福島県45館 合計91館　（支援：日本レコード協会）

9月3～6日	葛尾村公民館図書室（福島県）整備支援 （協力：福島県教育庁相双教育事務所，福島県立図書館）
10月24日	情報交換会および支援情報交換会 岩手・宮城・福島の各県立図書館担当者，国立国会図書館，東日本大震災対策委員会
11月12日	資料保存セミナー「東日本大震災と原発事故から再開館までの歩み～全町避難の町・富岡町の図書館～」の共催 （主催：資料保存委員会）
11月～ 2019年3月	被災地図書館復興助成金（2018年度）による助成 （岩手県）陸前高田市立図書館，釜石市立図書館，釜石市立鵜住居小学校，（宮城県）石巻市図書館，山元町中央公民館，（福島県）福島県立図書館，福島県立安積黎明高等学校 （支援：一ツ橋綜合財団）
2019年	
3月15日	セミナー「災害と図書館」の主催 （共催：図書館施設委員会，資料保存委員会）
～3月31日	（2018年度）被災地図書館の写真セット貸出　0館
6月19～20日	被災地図書館視察訪問 名取市図書館，気仙沼市気仙沼図書館，南三陸町図書館（以上，宮城県）
9月19日	情報交換会および支援情報交換会 岩手・宮城・福島の各県立図書館担当者，全国SLA, 〈大震災〉出版対策本部，国立国会図書館，シャンティ国際ボランティア会，saveMLAK，東日本大震災対策委員会
11月4～5日	岩手県内で寄贈図書の処理について現地調査 図書館災害対策委員会，東日本大震災対策委員会
11月～ 2020年3月	図書館災害対策委員会による「災害等により被災した図書館等への復旧・復興助成（2019年度）」による助成 浪江町教育委員会，広野公民館，広野町立広野中学校， いわき市立久之浜第二小学校（以上，福島県）（支援：一ツ橋綜合財団）

編集後記

◆

◆

私事です。あの日，地震，津波，福島は原発事故，自分たちの身に何が起きたか理解不能。事実は大きな揺れと同時に停電と霞む館内，そして5月の連休まで避難所対応へ突撃。自宅は床下浸水，実家は床上浸水。数日後，仕事の合間を見て，実家に戻ると母親は「公僕なんだからこんな所にくるな」と父親と泥にまみれ，目を潤ませ片付ける姿。まったくの親不孝。しかし，私は家族を失わず，この程度で済み幸せ者でした。

いったい，こんな災害，試練を私たちは想像できたでしょうか。今回，東北の図書館員たちの現場の「生の声」が詰め込まれています。同情ではなく共感し，荒ぶる災害への対応，備えに活かしていただきたいと願ってやみません。

加藤孔敬（よ）

編集作業で過去の記録を確認する中で，忘れていたことをいくつも思い出しました。東日本大震災から9年が経ちました。すでに，はっきりとは思い出せないことがあったり，自分で書いたことを忘れていたりしています。人の記憶の不確かさを感じるとともに，記録の重要性を実感しました。

当時のことを思い出したくないという人もいると思います。しかし，記録に残せず，覚えている人がいなくなれば，そこであったことが忘れ去られてしまいます。この本のために震災の体験記を書いてくださった方々に，心から感謝します。ありがとうございました。

鈴木史穂（し）

震災当日は，協会資料室で日課の東京の図書館関係資料の整理をしていました。ゆっくりとした大きな揺れ，うねりに歩くのに苦労をした記憶があります。頭の中を「首都直下型地震」の言葉がよぎりました。

震災の翌週，臨時の常務理事会（当時）が開催され，震災担当の理事になりました。その時から東北とのお付き合いが始まり，9年が過ぎました。東北という地域についてごくごく一般的な関心・知識しかなかった私が，ほぼ毎月のように東北に通うことになりました。そんな縁もあって，今回のこの本の編集に携わらせていただくことができました。

西村彩枝子(に)

この本は関わった方たちそれぞれの図書館への想いが，集まって重なって交わりあって，ようやく一つにまとまった，それが今の感慨です。

私は2015年頃，「3.11は今のうちに記録を残さないと人も資料もばらけてしまう。過酷な体験は忘れたいけれど，忘れずに後の人たちに伝えるべきものがあるのでは」，そんな思いに駆られていました。一方，どうしたら形になるのかわかりませんでした。でも，同じ想いの人たちは周りにいて，企画がどんどん進みました。

日常が「いざに備える」を兼ねるのです。いろいろな読み方ができるこの本を手にした人が何かを感じ，周りの人とも話題にして，日々の図書館の仕事がもっと豊かになったら，うれしいです。

蓑田明子(み)

この本ができるにあたっては，日本図書館協会事務局に大変お世話になりました。編集委員のワガママ，迷走，独りよがり，さまざまな滅茶苦茶を受け止めていただき，調整して，まとまった本にしていただきました。本当にありがとうございました。

編集委員一同

事項索引

■英数字

■五十音

あ

か

さ

た

な

ま

や

ら

編集委員会・執筆者一覧

［掲載順，所属は 2020 年 3 月現在］

●執筆者

第 1 章

竹内　悊　　図書館情報大学名誉教授，日本図書館協会 元・理事長

第 2 章

〈岩手〉

澤口　祐子　元・岩手県立図書館
長谷川敬子　元・陸前高田市立図書館
箱石恵美子　岩泉町立図書館
道下美貴香　普代村図書室
平　留美子　洋野町立種市図書館
川崎かおる　岩手医科大学附属図書館
千　　錫烈　関東学院大学社会学部
岩手県図書館協会

〈宮城〉

熊谷慎一郎　宮城県図書館
田中　　亮　宮城県図書館
星　　博之　仙台市民図書館
山田千恵美　仙台市民図書館
小松美恵子　仙台市民図書館
村上　佳子　仙台市宮城野区文化センター
柴田奈津子　塩竈市生涯学習センターふれあいエスプ塩竈
柴崎　悦子　名取市図書館
西山真喜子　名取市図書館
尾形　陽子　子ども読書コミュニティプロジェクトみやぎ
糸野あづみ　岩沼市立岩沼西小学校
清野理絵子　亘理町立図書館
阿部　　葵　利府町役場

嶋田　洋子　山元町議会事務局
畠山　皆子　塩竈市生涯学習センターふれあいエスプ塩竈
菅井　　厚　七ヶ浜町立遠山保育所
今野　金俊　石巻市福祉部市民相談センター
菅原　優子　東松島市図書館
荒木　秀浩　元・気仙沼市気仙沼図書館
及川　庄弥　復興庁宮城復興局気仙沼支所
山内　　広　元・南三陸町教育委員会
元木　幸市　元・女川町教育委員会
佐藤まどか　宮城県図書館
阿部　洋子　元・宮城県石巻西高等学校

〈福島〉
吉田　和紀　福島県立図書館
山崎　綾子　郡山市中央図書館
橋本　裕子　元・田村市図書館
齋藤亜記子　南相馬市立中央図書館
桑原　久美　いわき市立いわき総合図書館
菊池　秀子　矢吹町図書館
菊池　麻衣　矢祭もったいない図書館
目黒美千代　新地町図書館
菅野　佳子　須賀川市中央図書館
風間真由美　大熊町役場
北崎　周子　元・双葉町図書館
岡﨑　裕子・衣川ゆかり　浪江 in 福島ライブラリーきぼう
豊田　　浩　医療創生大学

●協力者

日本図書館協会東日本大震災対策委員会
川島　　宏　株式会社栗原研究室，日本図書館協会図書館施設委員会

●日本図書館協会出版委員会
「東日本大震災　あの時の図書館員たち」編集委員会

加藤　孔敬　名取市図書館
鈴木　史穂　福島県立図書館
西村彩枝子　東日本大震災対策委員会
蓑田　明子　東大和市役所，出版委員会

このほか，情報提供や写真提供を通じて，多くの図書館関係者，団体の協力を得ました。誠にありがとうございました。

東日本大震災　あの時の図書館員たち

2020年3月11日　初版第1刷発行 ©

定価：本体 2,000円（税別）

編　者 ● 日本図書館協会
「東日本大震災　あの時の図書館員たち」編集委員会

発行者 ● 公益社団法人 日本図書館協会
〒104-0033　東京都中央区新川 1-11-14
Tel 03-3523-0811㈹　Fax 03-3523-0841

デザイン● アール・ココ（清水良子／馬場紅子）

印刷所 ● 株式会社丸井工文社

Printed in Japan
JLA201923　　ISBN978-4-8204-1914-3
本文の用紙は中性紙を使用しています。